Finnja Stauff

Durch Bewusstsein zur Selbstliebe

Ein Selbsthilfebuch
für erwachsene Kinder von Alkoholikern
zur Befreiung aus der Co-Abhängigkeit

 tredition

© 2023 Finnja Stauff

Druck und Distribution im Auftrag der Autorin:
tredition GmbH, Halenreie 40-44, 22359 Hamburg, Deutschland

ISBN

Paperback   ISBN: 978-3-7323-4581-6

Hardcover   ISBN: 978-3-7323-4582-3

Das Werk, einschließlich seiner Teile, ist urheberrechtlich geschützt. Für die Inhalte ist die Autorin verantwortlich. Jede Verwertung ist ohne ihre Zustimmung unzulässig. Die Publikation und Verbreitung erfolgen im Auftrag der Autorin, zu erreichen unter: tredition GmbH, Abteilung "Impressumservice", Halenreie 40-44, 22359 Hamburg, Deutschland.

Inhaltsverzeichnis

TEIL 1 15
DIE SUCHE NACH DEM VERLOREN GEGLAUBTEN SELBST .. 16
KRANKHEIT UND PROBLEM ALS WEG ZUM SELBST 18
DIE ONTOLOGISCHE HALTUNG 19
DIE SELBST-HEILUNG 24
DER WEG ZUM SEINLASSEN 25
SCHUTZMECHANISMEN DES UNTERBEWUSSTSEINS: 27
DAS VERLEUGNEN DER EIGENEN GEFÜHLE 27
AUßENORIENTIERUNG UND KONTROLLZWANG 36
HOFFNUNGSLOSIGKEIT UND FEHLENDE SPIRITUALITÄT ... 38
DAS BEING-HUMAN-MODELL 39
MEIN WEG ZUR WAHRNEHMUNG 43
DIE LEBENSKRÄFTE-MEDITATION 44
LEBENSKRÄFTE UND IHRE RESSOURCEN 46
DIE MATERIELL-KÖRPERLICHE EBENE 47
DIE VEGETATIVE EBENE 49
DIE INSTINKTIVE EBENE 51
DIE MENSCHLICHE VERSTANDESEBENE 57
SCHULDGEFÜHLE 59
DIE KRAFT DER INTEGRITÄT 63
DIE FLEXIBILITÄT 66
DIE REFLEXION 67
HEILUNG DURCH REFLEXION 68
BEISPIEL ZUR THERAPIERESISTENZ 69
DIE QUALITÄT DER HINGABE 71
DIE EIGENE SPIRITUALITÄT 72
HINSCHAUEN 73

TEIL 2 76
DAS 12-SCHRITTE-PROGRAMM 77
DIE SELBSTHEILUNGSKRÄFTE 82
DAS ANNEHMEN DER EIGENEN GEFÜHLE 83
DIE RÜCKSICHTNAHME 86

QUARTALSTRINKER 87
SCHULDVERSTRICKUNGEN BEWUSST LÖSEN 89
DAS SPIEGELGESETZ 90
PROJEKTIONEN 91
BEZIEHUNGEN ALS SPIEGEL 94
ANGST VOR DEM VERSAGEN UND DER VERURTEILUNG 97
MINDERWERTIGKEITSGEFÜHLE –
ÜBERHEBLICHKEITSGEFÜHLE 98
DER TRAUM VON EINER BESSEREN KINDHEIT 102
HILFE ANNEHMEN 104
DER KONTAKT ZU UNSEREM INNEREN WAHREN SELBST. 106

TEIL 3 109
VERGEBEN 110
DAS EIGENE LEID DER KINDHEIT ANERKENNEN 110
DIENENDE KRÄFTE 113
DIE IDEALISIERUNG DER ELTERN 119
DER SCHMERZ ALS DIENENDE KRAFT 121
WAS IST LIEBE? 123
MIR SELBST VERGEBEN 127

TEIL 4 129
VERANTWORTUNG FÜR UNSER GLÜCK ÜBERNEHMEN 130
EMPATHIE UND MITGEFÜHL 132
POSITIVE VERÄNDERUNGEN 137
MEIN DENKEN HINTERFRAGEN UND DIE SEHNSUCHT
EINLADEN 138
PROBLEME BEWUSST LOSLASSEN 139
VERTRAUEN INS LEBEN 141
DAS VERTRAUEN IN EINE HÖHERE MACHT 141
EINLADUNG ZUM BEDINGUNGSLOSEN FÜHLEN 146
UNSERE ELTERN - DER SPIEGEL UNSERES SELBST 147
DIE WAHRHAFTIGKEIT 149
DIE LIEBEVOLLE ZUWENDUNG 149

Einleitung

Dieses Buch ist für alle, die auf der Suche nach ihrer eigenen inneren Wahrheit sind; für diejenigen, die unter chronischen Schmerzen oder psychosomatischen Problemen leiden und den Verdacht haben, dass der Entstehungsprozess dieser Beschwerden in ihrer Kindheit begonnen haben könnte. Dieses Buch soll meine Leser/innen dabei begleiten, den Ursprung ihrer eigenen Entwicklung als Ressource kennen- und schätzen zu lernen.

Ursprünglich hatte ich dieses Buch für erwachsene Söhne und Töchter von Alkoholabhängigen geschrieben. Durch viele Interviews mit meinen Lesern und Leserinnen wurde mir klar, dass meine Beschreibungen auch für viele andere Menschen mit unterschiedlichsten Symptomen von Nutzen sein können.

Da ich in diesem Buch viele Beispiele anführe, die sich speziell auf Kinder suchtkranker Eltern beziehen, möchte ich in erster Linie erwachsene Kinder von Alkoholabhängigen (EKA) ansprechen. EKA ist seit den 1960er Jahren zu einer gängigen Abkürzung geworden.

Viele Aussagen können auch auf Familien angewandt werden, die nicht von Alkoholsucht betroffen sind, daher empfehle ich in diesem Fall, die Abkürzung EKA einfach zu ersetzen, beispielsweise durch: „Kinder, die sehr hohem Erwartungsdruck ausgesetzt waren."

Denn unzählige Kinder haben verlernt, ihre eigenen Gefühle und Emotionen zu beachten. Von klein auf lernten sie, dass die Bedürfnisse anderer Menschen wichtiger sein mussten.

Sie haben sich in frühester Kindheit selbst verboten, verschiedene Gefühle zu fühlen. Diese Verbote bestehen bei den allermeisten bis ins hohe Erwachsenenalter fort. Selbst Erwachsene, die sich mit professioneller Hilfe dieser bestehenden Verbote bewusstwerden, müssen die Kompetenz des wahren Fühlens mühsam wieder erlernen.

Der Begriff co-abhängig[1] trifft nicht nur auf Erwachsene zu, die bei suchtkranken Eltern aufgewachsen sind, sondern auch auf Kinder, die ein Leben lang den besonders hohen Erwartungen ihrer Eltern genügen wollten. Das Verantwortungsbewusstsein für andere Menschen steht bei diesen Erwachsenen an erster Stelle, obwohl dies auf Kosten ihrer eigenen Bedürfnisse geht.

Mein Kernanliegen beim Schreiben dieses Buches ist, auch meine Leserinnen und Leser zu ermutigen, sich selbst das Fühlen wieder zu erlauben, um endlich das wahre Innere Selbst kennenzulernen und dadurch den Schlüssel zum eigenen Lebensglück zu finden. Viele von uns sind sich ihrer eigenen unterdrückten Gefühle nicht bewusst, obwohl ihr Leben von diesen unbewussten, negativen Gefühlen unterschwellig beherrscht wird.

Sobald sie sich selbst wieder alle Gefühle erlauben, fühlen sie sich im Ozean der Gefühle und Emotionen völlig überfordert, denn leider besteht häufig weiterhin eine Art Identifikation mit den entsprechenden Gefühlen und daraus hervorgehenden Emotionen. Diese Identifikation aufzugeben, bedeutet jedoch eine unbeschreibliche Befreiung von alten Zwängen und Einschränkungen.

In meinem Buch beschreibe ich, wie ich selbst begann, mich im Ozean meiner eigenen Gefühle und Emotionen zu orientieren. Langsam lernte ich den Zugang zu meinem wahren, Inneren Selbst kennen. In aller Reinheit und Klarheit konnte ich plötzlich meine eigene innere Wahrheit und vor allem meinen eigenen inneren Wert erkennen.

Diesen eigenen Selbstwert und somit das Vertrauen in den eigenen Lebensfluss haben so gut wie alle aufgeben müssen, die bei suchtkranken Eltern aufgewachsen sind. Diesen Schatz in mir selbst wieder zu finden, bedeutete für mich, dass ich endlich wieder fühlen durfte - wie ein kleines Kind: rein und klar. Im alltäglichen Leben

---

[1] *Co–Abhängigkeit ist ein Leiden, das dann entsteht, wenn man sein eigentliches Selbst aufgibt, um innerhalb eines gestörten Familien– oder Beziehungssystems überleben zu können.*

fühlte ich mich jedoch "erwachsener" und somit sicherer in meinen Entscheidungen. Ich konnte endlich aufhören, meinen Problemen aus dem Weg zu gehen. Ich stellte mich den Herausforderungen und den damit verbundenen wertvollen Erfahrungen meines Lebens und fühlte mich plötzlich auf wundersame Weise endlich vom Leben getragen.

Als ich anfangs eingeladen war, bedingungslos zu fühlen, musste ich feststellen, dass es mir nicht nur schwerfiel, das von mir nun Wahrgenommene auch anzunehmen, sondern ich habe in meinem eigenen Heilungsprozess entdecken müssen, dass ich es lange gar nicht gewagt hatte, mich selbst wirklich wahrzunehmen.

Ich bin davon überzeugt, dass es vielen von uns ähnlich geht. Wir haben uns in der Kindheit verboten, uns selbst und unsere Gefühle wahrzunehmen. Meinen Weg zur erneuten Erlernung dieser Fähigkeiten möchte ich daher gerne mit den Leser/innen meines Buches teilen.

Immer wieder war mein eigenes Leiden so stark, dass ich mich dem Aufarbeitungsprozess stellen wollte. Dann hörte ich Aussagen wie: „Sie sollten leben!"; „Sie sind so reflektiert, eine Psychotherapie würde ich nicht empfehlen. Ihnen geht es doch gut. Alles wird gut...".

Das war mein Problem: Alles war „gut"; aber mir ging es körperlich so schlecht!

Nach einer Unmenge an medizinischen Befunden, die allesamt nicht diese Unfähigkeit rechtfertigten, mich selbst zu tragen, kam mir die Erkenntnis: "Ich bin total verkrampft. Aber sonst super drauf. Zwar ständig total überfordert, jeden Mittag vor Schmerzen im Mittagsschlaf, abends vor lauter Schmerzen in der Badewanne. Deprimiert: Nein! Antidepressiva: Nein danke! - Das ist das Einzige, was bei mir noch funktioniert, ich lache ja trotzdem!"

Dann die vielen Ärzte, die mir alle mit verschiedenen Diäten oder Bewegungsplänen meine eigene tiefe Überzeugung im Außen spiegelten: "Wenn ich mich nur ein bisschen mehr anstrengen würde und mein Leben noch mehr kontrollierte, dann ginge es mir auch besser!"

Irgendwann war es dann so weit: ich tat nichts mehr unkontrolliert: jede Bewegung, jede einzelne Mahlzeit wurde von mir in Frage gestellt. Ich war überzeugt: "Es muss an mir liegen, an mir und an meinem Verhalten!" Mein Kampf gegen meinen Rückenschmerz wurde härter und härter; der Schmerz, die Unfähigkeit mich selbst durch den Tag zu tragen, wurde schlimmer und schlimmer.

Weil ich in der Folge meine erlernten Berufe nicht mehr ausüben konnte, landete ich - Gott sei Dank - im Ausbildungskurs für ontologische[2] Kinesiologie, mit meinen irren Schmerzen und dem Stress, an Seminartagen nicht liegen zu können.

Und dann die alles entscheidende Frage vom Trainer: „Was ist denn noch da, außer dem Schmerz?" Ich war mir doch so sicher: „Ich habe nichts, nur Schmerzen! Und die sind grundlos!"

Langsam, Wochenende für Wochenende, lernte ich mich selbst als etwas Seiendes wahrzunehmen. Ich durfte endlich spüren, was da noch alles war. Und da war so viel: der Frust, die Schwere, die Angst, die Ohnmacht, die Traurigkeit, die Müdigkeit... und die Erkenntnis, dass ich jahrelang jeden Mittag im Burn-out verbracht hatte.

Doch das Schönste an diesem Kurs war, dass ich nie weglaufen wollte. Ich wusste: „Das bin ich!" Ich lernte, dass alles, was da ist, perfekt ist. Meine verständnisvollen Lehrer ermutigten mich immer wieder dazu, anzuerkennen, dass alle meine Empfindungen richtig sind. Ich brauchte nicht zu interpretieren und zu bewerten, ich konnte sie endlich sein lassen.

Ich gewann das Vertrauen, dass genau diese Emotionen den Schlüssel zur Veränderung in sich tragen und deshalb zum

---

[2] Ontologie: Lehre vom Sein, vom Seienden.

Ausdruck kommen wollten: die Ängste, die Ohnmacht, der Selbsthass, die Verzweiflung, die Scham.

Verstehen bräuchte ich es nicht, sondern nur fühlen, sagten mir die Trainer. Da war sie, meine Erkenntnis: das sind Gefühle und Emotionen, die in der Kindheit angemessen gewesen wären, die ich aber nie gefühlt hatte!

Die Situation war so paradox: Hatte ich nicht zurzeit ein wunderbares Leben? Ja, ich lebte doch schon so, wie ich es mir von Herzen gewünscht hatte: in einer kleinen, glücklichen, suchtfreien Familie. Aber wo kamen sie her, diese Schmerzen..., diese Schuldgefühle, das Falsche getan zu haben... und die Ängste, vielleicht das Falsche zu tun - all diese Kräfte, die mich davon abhielten, mein Leben zu genießen und meinem Leben zu vertrauen?

Dann kam die Gewissheit: Solange ich selbst meine in der Kindheit aufgestauten Gefühle nicht wahrhaben wollte und sie daher verdrehte und verdrängte, tat ich dies dadurch zugleich auch mit mir selbst! Es wurde Zeit, Vertrauen zu bekommen - in mich, in meine Gefühle und in mein Leben!

All jene, denen es ähnlich geht oder die sich wundern, dass sich trotz zufriedenstellender Lebensumstände ein Gefühl von Glück oder wenigstens innerer Zufriedenheit einfach nicht einstellen will, möchte ich einladen, beim Lesen dieser Zeilen ihre eigene Ontologie[3] zu erkennen.

Ich möchte dir gerne dazu verhelfen, die Stolpersteine aus dem Lebensrucksack nicht einfach zu entfernen, sondern sie sogar als Ressource zur eigenen Entwicklung zu nutzen.

Denn hinter jedem Problem und jedem Schmerz steckt letztlich ein bestimmtes Gefühl, welches von uns bewusst gefühlt werden möchte, um nicht länger mit einer unveränderbaren Tatsache verwechselt zu werden.

---

[3] In der Computerterminologie wird Ontologie „als die Abfolge von Ereignissen, die zum gegenwärtigen Zustand geführt haben" bezeichnet.

So können wir nicht nur aus einschränkenden Überzeugungen erwachen, sondern uns auch von seelischem und körperlichem Leid befreien.

Wir lernen, zu staunen über das was ist und können immer mehr den Wert erkennen, den unser Leben hervorbringt.

Unsere Beziehungen klären sich, und unser Leben wird harmonischer, weil wir endlich lernen, unseren Bedürfnissen und Sehnsüchten mit Selbstliebe zu begegnen.

Liebe Leserin, lieber Leser,

ich wünsche mir von Herzen, dass du dich beim Lesen dieser Zeilen auf deinem Weg zu deinem Inneren Selbst lediglich begleiten und inspirieren lässt, damit du in weiterer Folge deine eigenen Ressourcen entdecken und leben kannst.

Es ist wichtig, dass du dir beim Lesen genügend Zeit nimmst, um bestimmte Dynamiken nicht nur kognitiv zu erfassen, sondern dich auch auf deine eigenen inneren Reaktionen einzulassen.

All die beschriebenen Hindernisse und Probleme dürfen dir eine Hilfestellung bieten, dir deiner eigenen ungesunden Dynamiken bewusst zu werden, um sie in weiterer Folge auflösen zu können.

Das von mir erläuterte „Lebenskräftemodell" wird hierbei dienlich sein, denn die eigenen Lebenskräfte verstecken sich oftmals hinter unseren alten Denk- und Handlungsmustern.

Schön wäre es, wenn du dich selbst immer wieder fragen würdest, welche der beschriebenen Dynamiken sich auch in deinem Leben wiederfinden. Wenn das jeweilige Thema dich und deine Geschichte betrifft, wirst du merken, dass es etwas in dir auslöst. In diesen Momenten möchte ich dich herzlich einladen, all die Gefühle, Emotionen und Reaktionen liebevoll anzuschauen und SEIN zu lassen.

Denn all die in dir auftauchenden Gefühle möchten endlich von dir als Gefühle erkannt werden, damit du in deinem alltäglichen Leben endlich aufhören kannst, diese Gefühle und auch die einhergehenden Gedanken mit einer Tatsache zu verwechseln.

Ich wünsche mir, dass du mit dem ganzen Körper liest und immer wieder zu deiner eigenen Lebensgeschichte zurückfindest, wenn du spürst, dass du selbst mit dem entsprechenden Thema in Resonanz gehst.

Besonders die unangenehmen Reaktionen mögen als eine Einladung an dich persönlich verstanden werden, dich dir selbst zuzuwenden. Die wertschätzende Anerkennung deiner eigenen Empfindungen und Bedürfnisse wird dir helfen, schwierige Lebenssituationen aus einem neuen Blickwinkel heraus zu betrachten.

Trotz der Einladung, dich den unangenehmen Reaktionen zuzuwenden, bitte ich dich darauf zu achten, dass dich deine Emotionen nicht überwältigen. Wenn du also merkst, dass dies geschieht, lege das Buch ruhig einen Moment zur Seite und nimm die Reaktion bewusst wahr, um dich selbst zu beruhigen.

Hierbei geht es nicht so sehr um die direkte Problemlösung, sondern darum, Verständnis für deine eigene Persönlichkeit in der jeweiligen Situation zu gewinnen.

Je mehr du dich mit dir selbst versöhnst, desto einfacher ist dein Weg zur Genesung. Wie ich selbst erleben durfte, kann oft ein kleiner Schritt in die richtige Richtung eine Eigenentwicklung in Gang bringen, die man vorher nicht zu erhoffen gewagt hatte.

Wien, im April 2018

Finnja Stauff

TEIL 1

DIE SUCHE NACH DEM VERLOREN GEGLAUBTEN SELBST

Erwachsene Kinder von Alkoholabhängigen (EKA) haben sich schon in frühester Kindheit verboten, sich selbst als fühlende Wesen wahrzunehmen. So verloren sie sehr früh den Zugang zu ihren Wahrnehmungen und somit das Vertrauen in die eigenen Gefühle.

Das Zusammenleben mit Süchtigen führt oft zur Selbstaufgabe. Insbesondere erwachsene Kinder, die bei zwei Alkoholikern aufgewachsen sind, haben sehr rasch verlernt, sich selbst als Seiendes/Fühlendes wahrzunehmen.

In diesen Familien war keiner der Elternteile in der Lage, das Kind dabei zu unterstützen, seine eigenen Gefühle wahr und ernst zu nehmen, geschweige denn dem Kind zu vermitteln, dass es zu seinen eigenen Gefühlen und Bedürfnissen stehen darf und sollte.

Ich spreche hier aus eigener Erfahrung. Viele ähnliche Beispiele finden sich in der einschlägigen Literatur wieder. Die amerikanische Psychotherapeutin, Anne Wilson Schaef, hat 1986[4] den oben genannten Begriff der Co-Abhängigkeit geprägt:

„Co-Abhängigkeit ist ein Leiden, das dann entsteht, wenn man sein eigentliches Selbst aufgibt, um innerhalb eines gestörten Familien- oder Beziehungssystems überleben zu können.

Co-Abhängige sind so stark auf das Verhalten anderer bezogen und durch dieses bestimmt, dass sie kaum mehr eine Beziehung zu sich selbst haben.

Co-Abhängige kennen also ihr wirkliches Selbst nicht [mehr]; sie haben gelernt, es unter Verschluss zu halten, da die Gefühle für ihren Selbstwert und die Verbindung zu anderen gestört sind. Co-

---

[4] Anne Wilson Schaef, *Co-Abhängigkeit. Nicht erkannt und falsch behandelt*, Bögner- Kaufmann, 1986.

Abhängigkeit führt zu Stress, Leiden, gestörten Beziehungen und körperlichen Krankheiten."[5]

Anne Wilson Schaef hat die Selbstaufgabe und die übertriebene Rücksichtnahme als eine eigenständige Krankheit in der Folge des Zusammenlebens mit Süchtigen benannt.

Die Bereitschaft von Co-Abhängigen, ihre eigene Wahrnehmung nicht nur auszuschalten, sondern - schlimmer noch - sie zu verdrehen, ist meiner Meinung nach gravierend, gefährlich und vor allem krankmachend.

Warum verdrehen Co-Abhängige ihre Wahrnehmungen? Um das Denken und Fühlen des anderen übernehmen zu können, um ihm emotional näher zu sein.

Dieser Dynamik waren die meisten Kinder von Alkoholikern ausgesetzt. Ihre suchtkranken Eltern haben oft aus dieser Dynamik heraus zu Suchtmitteln gegriffen. Da bereits ihre Eltern unter einer Sucht- bzw. Co-Abhängigkeit litten, wurde diese Unfähigkeit, die eigenen Gefühle wahrzunehmen, oft über Generationen weitervererbt, weiter gelehrt und vorgelebt.

Ich habe im Alter von 25 Jahren das Buch „Co-Abhängigkeit: Die Sucht hinter der Sucht von Anne Wilson Schaef"[6] mehrmals gelesen, um mir einerseits meiner erlernten „ungesunden Verhaltensweisen" bewusst zu werden, und andererseits die Selbstheilung in Kombination mit regelmäßigen Besuchen von Selbsthilfegruppen zu ermöglichen.

Knapp 15 Jahre später wurde mir bewusst, dass ich das Wort „Selbstheilung" jahrelang nicht verstanden hatte - und wahrscheinlich gar nicht verstehen konnte. Welches SELBST denn bitte?

---

[5] Ausschnitt aus einer Co-Abhängigkeits-Broschüre.
[6] Anne Wilson Schaef, *Co-Abhängigkeit: Die Sucht hinter der Sucht*, Heyne, 1995.

Dieses SELBST hatte ich seit meiner Kindheit so erfolgreich verleugnet, um in einer alkoholabhängigen Familie überhaupt überleben zu können!

Erst im Alter von 39 Jahren habe ich mit Hilfe der ontologischen Haltung mein eigenes Selbst wiederentdecken dürfen. Diese zarte Verbindung zu meinem Inneren Selbst möchte ich fortlaufend vertiefen. Das vorliegende Buch soll mir und anderen EKA dazu verhelfen, eben diesen wunderbaren Kontakt zur eigenen Lebensquelle mutig und vertrauensvoll zu erkunden.

KRANKHEIT UND PROBLEM ALS WEG ZUM SELBST

In der heutigen Zeit werden Schmerzen und Probleme gerne als Feinde betrachtet, die es zu unterdrücken und zu bekämpfen gilt. Aus der ontologischen Sicht betrachtet, verhelfen uns unsere Probleme und Symptome jedoch zur persönlichen Entwicklung.

Ich möchte meinen Leser/innen diese Sichtweise vermitteln, damit sie den Entstehungsprozess ihrer geistigen, seelischen oder körperlichen Probleme beleuchten und erkennen, und so aus ihnen selbst heraus Veränderung und letztendlich Befreiung entstehen kann.

In den folgenden Ausführungen sollen die Leser/innen ermutigt werden, sich auf den Fluss des Lebens mit all seinen Licht- und Schattenseiten einzulassen, um das eigene Selbst kennenlernen zu können.

DIE ONTOLOGISCHE HALTUNG [7]

Die ontologische Haltung bedeutet ganz einfach: Zu beobachten, was das Leben mit uns macht.

Sie setzt also nichts anderes voraus, als dass wir uns selbst als etwas Seiendes akzeptieren, beobachten und sein lassen.

Und zwar von Augenblick zu Augenblick und immer zugleich in Beziehung zu der „Welt" als auch zu uns selbst.

Diese Haltung kann uns dazu verhelfen in jedem Moment unseres Lebens...

- ...wahrzunehmen was ist, ohne in den Widerstand zu gehen;
- ...uns für das Wahrgenommene zu öffnen, statt es als falsch oder richtig zu bewerten; und
- ...uns weder mit den wahrgenommenen Gefühlen, Emotionen oder Gedanken zu identifizieren noch uns von ihnen zu distanzieren, sondern sie lediglich als dienende Ressource für den jeweiligen Moment anzunehmen und wirken zu lassen.

Die ontologische Haltung unterstützte mich maßgeblich dabei, mich selbst als etwas wichtiges Seiendes bewusst wahrzunehmen. Endlich gelang es mir meine eigenen Gefühle anzunehmen und sie SEIN zu lassen.

Als erwachsene Tochter zweier Alkoholiker wurde ich in der Kindheit mehr oder weniger darauf konditioniert, meine Gefühle und Emotionen zu unterdrücken und einzulagern. Ich spreche von

---

[7] Die ontologische Haltung kann als „etwas Seiendes als Seiendes zu beobachten" bezeichnet werden.

den in Suchtfamilien „verbotenen Gefühlen" wie Angst, Ablehnung, Wut, Verzweiflung, Scham, Traurigkeit und Einsamkeit.

Als ich die ontologische Haltung für mich entdeckte, stellte ich fest, dass ich immer noch Gefühle wie Angst, Traurigkeit, Schwäche, Schuld oder Scham hinter einer scheinbar starken und glücklichen Fassade verbarg. Und das, obwohl ich nicht mehr unter dem direkten Einfluss alkoholabhängiger Menschen stand.

Mit der ontologischen Haltung war es mir endlich möglich den gegenwärtigen Moment, mit allem was er mir bot, bewusst wahrzunehmen.

Ich entdeckte, dass ich, solange ich meine negativen Gefühle weiterhin unterdrückte, von ihnen auf unbewusster Ebene beherrscht wurde. Mein Körperschmerz zeigte mir seit Jahren mit verschiedenen Symptomen an, dass meine Kapazität Gefühle zu unterdrücken längst überschritten war.

Mit Hilfe der ontologischen Sichtweise lernte ich den kleinen aber entscheidenden Unterschied zwischen dem „beherrscht werden" von meinen unbewussten Gefühlen und dem bewussten Wahrnehmen derselben kennen.

Ich lernte zum einen, meine derzeitige Wirklichkeit wahr- und anzunehmen, und zum anderen, der Versuchung zu widerstehen, das Wahrgenommene mit alten, vorgefertigten Bildern und Erlebnissen zu vergleichen und daraufhin zu verurteilen.

Auch Glaubenssätze, wie beispielsweise, das Leben und meine Gefühle unbedingt kontrollieren zu müssen, konnte ich mit Hilfe der ontologischen Haltung erkennen. Die Erfahrung, dass Gefühle und Empfindungen vorübergehen werden, egal wie schrecklich sie sich auch anfühlen mögen, half mir, mit dem was ist, in Kontakt zu bleiben, ohne es in Frage zu stellen. Dadurch gelang es mir endlich, mich dem Lebensfluss hinzugeben.

So begann für mich ein Entwicklungsprozess, in dem ich meine Probleme und Symptome in einem neuen Licht betrachtete, alte

Muster und Glaubenssätze identifizierte, mich auf mich selbst einließ und Zugang zu meinen versteckten Ressourcen fand.

Diese Haltung gab mir das Vertrauen, dass ich vom Leben getragen bin, wenn ich mich und die Welt um mich herum so annehme, wie wir wirklich sind. Und dass durch dieses Annehmen meines Selbst die Heilung geschieht.

Ich konnte die ontologische Haltung einnehmen, indem ich ganz einfach aufhörte „Nein" zu sagen, zu dem was ist. Noch simpler: „Ja" sagen, zu dem was ist.

Es gab so vieles in meinem Leben, wozu ich „Nein" sagte: Zu meinen Ängsten. Zu meiner Wut. Zu Gefühlen wie Scham, Neid, Missgunst, Hochmut, Traurigkeit, Einsamkeit, Hilflosigkeit, Zorn, Ablehnung, Minderwertigkeit, Machtlosigkeit.

Akzeptierst du diese Gefühle, wenn sie in dir hochsteigen? Sagst du „Ja!" zu ihnen? Oder „Nein! Ich will dich nicht und schon gar nicht jetzt"? Gibt es Gefühle, die du nicht haben willst? Es ist absolut verständlich, diese Gefühle nicht haben zu wollen. Aber die Wahrheit ist, dass diese Gefühle da sind, dass sie existieren und dass unsere abwehrende Haltung gegen diese unser Unwohlsein erzeugt.

Wenn du beispielsweise der Wut mit der inneren Überzeugung begegnest: "Ich darf nicht wütend sein", dann wird in deinem Körper nicht nur Druck erzeugt, sondern dieses Gefühl wird, statt gefühlt und damit ausgelebt zu werden, in deinem Körper eingelagert.

Diese von dir selbst geschaffenen Emotionen kommen wieder und wieder und bestimmen dein Leben! Nicht selten äußern sie sich über Symptome und Krankheiten. Es gilt also, diese Gefühle zu akzeptieren, damit sie endlich fließen und sich so aus dem Körper lösen können.

Wie kann man diese Gefühle akzeptieren? Mit Verständnis, Liebe und Mut! Denn nur so können sie sich von uns lösen und sich verändern. In dem Moment, in dem ich zu meiner Wut „Ja" sage und sie annehme, wahrnehme und sein lasse, kann ihre Kraft etwas in mir wandeln, zum Beispiel die Wut in ein Gefühl der Gelassenheit.

Ein besonders erwähnenswertes Gefühl ist der Kontrollzwang. Dieser Drang etwas tun oder verhindern zu müssen, wirkt aus verschiedenen Ängsten heraus: beispielsweise aus der Angst falsch zu sein, aus der Angst heraus etwas Falsches getan zu haben. Wenn es uns gelingt, diese Ängste, die Kontrolle zu verlieren, wahrzunehmen und anzunehmen, erschaffen wir die Möglichkeit, dass diese sich in ein Vertrauen dem Leben gegenüber wandeln können.

Wer glaubt, nicht mutig genug zu sein, diese Emotionen anzunehmen, kann damit beginnen, sie sich "anzusehen". Man darf sich selbst fragen: „Was tun sie mit mir und meinem Körper? Welche Bewegung möchte mein Körper machen? Welche Gedanken gehen mit diesem Gefühl einher?"

Wenn dir hierbei kein „Ja!" zu deinem Gefühl gelingt, dann reicht auch ein „Aha, jetzt ist dieses Gefühl da!"

Gerne neigen wir in Konfliktsituationen dazu, uns gedanklich nur mit unserem Gesprächspartner zu befassen:

- „…der sollte sich anders verhalten, dann muss ich nicht mehr wütend/ traurig/ einsam sein…"

- „…, wenn mein Chef nur anders wäre, würde es mir viel besser gehen…"

Im Grunde genommen sind das Fluchtversuche von dem was ist und eine Flucht vor unseren eigenen Gefühlen und Emotionen. Viel sinnvoller ist es, gefühlsmäßig bei sich selbst zu bleiben und nicht nur bei dem Gegenüber.

Glaube mir und dir selbst: egal wie unangemessen sich jemand dir gegenüber verhält, es geht in Wahrheit nicht um den Menschen oder die Situation, die scheinbar etwas in dir ausgelöst hat, sondern es geht um dich selbst.

Es geht um dein zum Ausdruck gebrachtes Gefühl, deine Emotion, deine Handlung und deine Gedanken. Die aktuelle Lebenssituation, die diese Dinge scheinbar in dir auslöst, verhilft dir lediglich dazu, sie in dir zum Vorschein zu bringen.

Viele Gefühle und Emotionen wurden schon in deiner Kindheit erschaffen. Gefühle, die du damals nicht zum Ausdruck bringen konntest, weil sie „verboten" oder in einigen Suchtfamilien sogar lebensgefährlich erschienen. Gefühle wie Angst, Wut, Scham, Traurigkeit, Einsamkeit oder Ohnmacht hätten in der Kindheit Mitleid von außenstehenden Personen bewirken können. Dieses Mitleid hätte dann wiederum bei den entsprechenden Personen den Drang auslösen können, sich in die oft dramatischen Familienverhältnisse einzumischen. Die Reaktionen des Trinkenden, sowie des Helfenden wären für das Kind nicht einschätzbar gewesen.

Außerdem bestand für viele die Gefahr der sogenannten Nestzerstörung, zum Beispiel die „Bedrohung" durch das Jugendamt. Solche Verlustangst ist im Kleinkindalter mit Todesangst zu vergleichen. Ich werde auf verschiedene Dynamiken in den folgenden Kapiteln genauer eingehen.

All die von dir als bedrohlich eingeschätzten und nicht angenommenen Gefühle wurden in deinen Körperzellen gespeichert und möchten endlich „abfließen", damit der Körper nicht mehr in der Vergangenheit leben muss.

Aus der ontologischen Haltung heraus ist es nicht nötig, über die Probleme zu grübeln, die zu diesen Gefühlen und Emotionen führten, sondern es reicht vollkommen aus, sie ganz bewusst und aufmerksam wahrzunehmen und fließen zu lassen.

Das Leben beschenkt dich tatsächlich mit entsprechenden Situationen oder Begegnungen mit bestimmten Menschen, damit endlich die in dir gespeicherten Gefühle zum Ausdruck kommen können. In meinem Fall war es vor allem mein Körper, der mir mit seinen Schmerzen dazu verhalf, mich endlich von den in der Kindheit verleugneten Gefühlen zu befreien.

DIE SELBST-HEILUNG

Das „Wiederfinden des eigenen Selbst" sehe ich als riesige Chance für alle EKA, die bereit sind, das eigene Heilungspotential zu nutzen.

Der Weg zu dieser Ressource führt wortwörtlich über die Selbst-Heilung: das Selbst zu entdecken, wahrzunehmen und wertzuschätzen, mit allem was es uns anbietet.

Mit der bewussten Wahrnehmung meines Selbst erfuhr ich tiefgreifende Veränderungen in meinem Leben. Probleme, über die ich mir jahrelang den Kopf zerbrochen hatte, lösten sich buchstäblich in nichts auf, nur weil ich mich traute, das dahinterliegende Gefühl zu fühlen.

Immer mehr Mediziner bestätigen, dass nicht sie allein es sind, die die Heilung bei ihren Patienten bewerkstelligen, sondern dass die in jedem Patienten innewohnende Heilkraft einen entscheidenden Faktor im Genesungsprozess darstellt.

Vor diesem Hintergrund bietet die ontologische Haltung jedem chronischen Schmerzpatienten eine sinnvolle Ergänzung zur klassischen Medizin.

Oftmals bringen uns entsprechende Krankheiten, Probleme und Symptome nämlich genau mit den von uns so konsequent verleugneten Gefühlen in Kontakt, um uns dazu zu verhelfen, uns endlich von diesen Gefühlen zu befreien.

In den folgenden Zeilen möchte ich meine Leser/innen und mich selbst ermutigen, sich auf das Abenteuer der Selbst-Heilung wieder und wieder einzulassen.

Symptome und Probleme beginnen sich zu lösen, sobald wir uns auf ihre Botschaft einlassen.

DER WEG ZUM SEINLASSEN

So wunderbar ich die Kontaktaufnahme zum eigenen Selbst auch finde, so ist sie doch oft eine mit Schmerz verbundene Herausforderung! Wie das Leben aus Tag und Nacht, Leben und Tod, Freude und Leid besteht, so ist auch der Prozess zur Wahrnehmung des Inneren Selbst mit der gesamten Fülle der Gefühle verbunden.

Es gilt, diese Gefühle in all ihren Formen wahrzunehmen und sie anzunehmen, ohne sie zu bewerten und zu verurteilen. Denn jede aufkommende Sinneserfahrung gehört zu uns und wenn wir sie als solche bewusst wahrnehmen, kann diese körperliche Erfahrung aus sich heraus ihre erstaunliche transformierende Kraft entfalten.

Für jeden von uns ist es eine tägliche Herausforderung, sich vom Leben getragen zu fühlen und sich nicht rechtfertigen zu müssen für das, was ist. Selbst für die scheinbar „Erleuchteten" unter uns ist es ein lebenslanger Prozess.

Warum insbesondere EKA mit diesem Annehmen und Seinlassen des Lebensflusses an ihre Grenzen stoßen, möchte ich anhand der folgenden Auflistung darstellen.

Viele EKA sind in der Kindheit darauf konditioniert worden:

- sich schuldig zu fühlen- solange sie sich verantwortlich fühlen, für alles, was um sie herum „passiert" und gefühlt wird, schützt es sie vor den Gefühlen der Ohnmacht und Aussichtslosigkeit.
- das Gefühl etwas tun zu müssen- der verzweifelte Versuch, die Angst vor unvorhersehbaren Situationen kontrollieren zu können;
- alles und jeden kontrollieren zu müssen- um lauernde Dramen/ Katastrophen zu verhindern;

- Dinge lieber nicht zu tun- um unvorhersehbare Ereignisse und die damit einhergehende Angst zu vermeiden;
- stark sein zu müssen oder zumindest die Rolle des Starken zu spielen- um einerseits die eigenen Minderwertigkeitsgefühle zu kaschieren und andererseits die Einmischung von außen zu verhindern;
- richtig sein zu müssen- damit man ja nicht in das bekannte Schuldgefühl schlittert;
- anspruchslos zu sein- um ja keinen Anlass zur Überforderung des Süchtigen auszulösen;
- sich selbst und andere zu verurteilen- weil EKA glauben, man hätte auf alles einen Einfluss;
- die eigenen Gefühle und somit das eigene wahre Selbst zu verleugnen- vor allem die in der Kindheit teilweise als lebensbedrohlich wahrgenommenen Gefühle wie: Angst, Wut, Hass, Trauer, Schuld, Scham, Verlassen-Sein, Einsamkeit...

Alle diese Muster sind sehr ungesund, zäh und langlebig. Selbst in einem Erwachsenenleben ohne weitere direkte Einflüsse von trinkenden Alkoholikern sind sie schwer abzulegen.

Nicht zu bezweifeln ist, dass diese Überzeugungen in unserer Kindheit sehr nützlich waren. Mit ihnen konnten wir Kinder von Alkoholabhängigen unserer unsicheren und chaotischen Welt einen vermeintlichen Sinn abgewinnen. Und vor allem half es uns Kindern damals, zu glauben, wir hätten - wenn wir nur anders wären - einen Einfluss auf die schwer aushaltbaren Familienzustände. Diese Muster bewahrten uns vor den Gefühlen der Aussichtslosigkeit und Machtlosigkeit, welche zwar angemessen, jedoch unerträglich gewesen wären.

Die immer noch wirkenden Vorstellungen nun ganz nüchtern anzuerkennen, sie zu bemerken, statt sie zu verurteilen, und sie auszuhalten, um sie integrieren zu können, wäre ein wichtiger Schritt zur Genesung.

Für besonders problematisch halte ich den von mir zuletzt angeführten Punkt in Bezug auf die Heilung der Co-Abhängigkeit: das Verleugnen der eigenen Gefühle.

SCHUTZMECHANISMEN DES UNTERBEWUSSTSEINS:

DAS VERLEUGNEN DER EIGENEN GEFÜHLE

Der größte Teil von dem, was wir erlebt haben, ist nur im Unterbewusstsein gespeichert. Da wir im Kleinkindalter nicht in der Lage waren, schwierige Ereignisse zu verarbeiten, entwickelte unser Unterbewusstsein eine Art Schutzmechanismus, um diese nicht noch einmal erleben zu müssen.

Laut Andreas Winter, Diplom-Pädagoge und Autor, werden sämtliche Grundmuster zur Stressbewältigung bereits in der frühen Kindheit gelegt. Winter geht davon aus, dass Symptome in der Regel einem intelligenten, unterbewussten Muster folgen, und sich daher durch einen Erkenntnisprozess auch wieder lösen können.

Der Körper gehorcht dem alten Muster, um das vom Unterbewusstsein als unerträglich eingeschätzte Gefühl, wie beispielsweise Ablehnung und Machtlosigkeit und die damit einhergehende Überforderung nicht noch einmal durchleben zu müssen:

„Das Schlimmste, was der Psyche passieren kann, ist nicht der körperliche Tod, sondern der Verlust der Kontrolle über das Leben, die sogenannte Machtlosigkeit.

Wenn also ein Erlebnis durch unüberwindbaren Stress zu einer enormen Erfahrung der Machtlosigkeit wurde, so wird dieser Eindruck zu einem Bestandteil eines konfliktbehafteten

Verhaltensmusters. Dieses Muster wird früh angelegt und möglicherweise erst nach Jahren geweckt."[8]

Da Kinder von Süchtigen außergewöhnlich oft extremen Stresssituationen ausgeliefert waren, sehen sie sich häufig Machtlosigkeits- und Überforderungsgefühlen ausgeliefert. Der Körper behält also die Stressvermeidungsmuster bei, ohne zu ahnen, dass diese Ereignisse für den bereits erwachsenen Menschen gar kein Überforderungsgefühl mehr mit sich bringen müssen.

Das könnte eine Erklärung sein, warum oftmals weder die EKA noch deren erfahrene Psychotherapeuten die Probleme im erwachsenen Leben mit den Erfahrungen des einstigen Kindes in Extremsituationen in Verbindung bringen.

Stattdessen besteht bei vielen EKA die Tendenz, in ein konfliktbehaftetes Verhaltensmuster zu verfallen. In einer reflexhaften Reaktion wird der Körper sich den bekannten Stressvermeidungsmustern hingeben, um dem aufkommenden Machtlosigkeitsgefühl zu entgehen.

Stressvermeidungsmuster sind beispielsweise:

- das Streben, es allen recht zu machen
- Unbeweglichkeit
- Schmerz
- Burnout-Zustände
- Wutausbrüche
- Gefühle des Gelähmt-Seins, bis hin zu echten Lähmungserscheinungen

Die in der Kindheit entwickelten Schutzmechanismen lassen den Widerstand gegen die aufkeimenden Gefühle im Erwachsenenalter

---

[8] Andreas Winter, *Heilen durch Erkenntnis*, Mankau-Verlag, 2011, S.43.

größer und größer werden. Frühe Erfahrungen mit Ablehnungsgefühlen und Schuldgefühlen, die ihnen von den Eltern entgegengebracht wurden, wurden im Kleinkindalter von den Kindern als Merkmale ihres eigenen Wesens gehalten. Bis zu einem bestimmten Alter können Kinder sich nur als das wahrnehmen, was ihnen die Eltern über sie selbst vermitteln.

Sie sind also nicht in der Lage, das Gefühl der Ablehnung bzw. der Schuld als ein ihnen entgegengebrachtes Gefühl der Eltern zu erkennen. „Meine Mutter lehnt mich ab" kann vom Kind nicht als das Gefühl der Mutter wahrgenommen werden. Es fühlt sich also dadurch nicht nur abgelehnt, sondern ist auch überzeugt davon, selbst an der Ablehnung schuld zu sein.

Beim Schuld-Gefühl ist es ähnlich. Es liegt dem Kind fern, zu denken: „OK, sie macht mir Vorwürfe." Es kann sich nur selbst als schuldig, falsch, wertlos wahrnehmen. Und es ahnt nicht, dass es sich um eine Emotion der Mutter handelt; und diese nichts über das wahre Wesen des Kindes aussagt.[9] Je früher unsere Überzeugungen von uns und der Welt entstanden sind, desto mächtiger wirken sie in unser Leben hinein.

Die meisten alkoholkranken Eltern lehnten bei ihren Kindern genau das ab, was sie bei sich selbst ein Leben lang ablehnten. Sehr häufig waren das auch positive Dinge, die sie sich selbst aus unterschiedlichsten Gründen nicht zugestanden hatten.

Um die als unerträglich empfundenen Gefühle nie wieder erleben zu müssen, wie beispielsweise das Gefühl der Ablehnung oder des nicht Geliebt Seins, bewirkte das Unterbewusstsein bestimmte Gefühle und Emotionen nie wieder zu fühlen. Solche früh erlernten Gefühlsvermeidungsmuster sind sehr häufig die Ursache von zwischenmenschlichen Problemen, körperlichen Schmerzen und anderen Beeinträchtigungen im Erwachsenenalter.

---

[9] Vgl. Safi Nidiaye, *Aufwachen und Lachen*, Integral Verlag München, 2004, S. 43.

Selbst EKA, die inzwischen den Mut und die Kompetenz zum Fühlen entwickeln konnten, begegnen ihren verschiedensten Gefühlen oft noch mit einer spontanen, unbewussten Abwehr.

Mein Vater lehnte im betrunkenen Zustand die von ihm im nüchternen Zustand als wertvoll empfundenen Qualitäten ab, wie z. B. meine Kreativität und meine Freude an aufrichtiger Anerkennung. Heute weiß ich, dass ich aufgrund dieser paradoxen Erfahrungen, jahrelang eine Art Abwehr empfand, wenn mir jemand seine Wertschätzung entgegenbrachte.

Nicht selten entwickeln sich aufgrund der verwirrenden Gefühlsvermeidungsmuster über die Jahre sogar hartnäckige chronische Krankheiten. Auch langjährige, sich immer wiederholende Beziehungsprobleme können die Folge dieser früh erlernten Stressvermeidungsmuster sein.[10]

Wenn EKA traumatisiert sind, finden sie keinen Zugang zu ihrer gesunden Aggression, stattdessen stecken sie entweder in der Lähmung fest – (also wie in meiner Geschichte, mit immer wieder auftauchenden Erstarrungs- und Lähmungsgefühlen), oder sie leiden unter regelmäßigen, plötzlichen Wutausbrüchen. Mit beiden Re-Traumatisierungs-Mustern wehren EKA unbewusst die eigenen Gefühle, sowie die von ihren Beziehungspartnern ab.

Peter A. Levine beschreibt in seinem Buch „Vom Trauma befreien"[11], dass Aggression eine angeborene Ressource ist, die uns beschützt, wenn wir uns bedroht fühlen.

Nach Peter A. Levine erfolgt eine Traumatisierung, wenn unsere Fähigkeit, mit einer als bedrohlich wahrgenommenen Situation umzugehen, auf irgendeine Weise überlastet ist.

Das Paradoxe daran ist, dass:

---

[10] Andreas Winter, *Heilen durch Erkenntnis*, Mankau-Verlag, 2011.
[11] Peter A. Levine, Vom Trauma befreien, Kösel-Verlag München 2007

- diese Stressvermeidungsmuster gar nicht mehr nötig wären, denn ein Erwachsener hat ganz andere Verarbeitungs- und Reaktionsmöglichkeiten;
- so gut wie alle diese Stressvermeidungsmuster in weiterer Folge wiederum in ein Gefühl der Machtlosigkeit münden.

Ein für EKA typisches Stressvermeidungsmuster möchte ich im Folgenden erläutern. Aus Angst vor Ablehnung verzichten EKA häufig darauf, eigene Bedürfnisse anzumelden. Denn Reaktionen wie „Ablehnung vom Gegenüber" könnten das Gefühl auslösen, falsch zu sein und im schlimmeren Fall sogar ein Schuldgefühl.

Um diese in der Kindheit als sehr bedrohlich empfundenen Gefühle zu vermeiden, führen einige von uns ein Leben, das abhängig von den Äußerungen, Befindlichkeiten und Reaktionen anderer ist.

Die uns selbst gestellten Forderungen, es allen recht machen zu wollen, und die Forderungen, die wir anderen gegenüber stellen („sie sollen doch bitte zufrieden sein, damit wir uns besser fühlen"), sind im Grunde unerfüllbar und enden wiederum in Gefühlen der Überforderung und Machtlosigkeit.

Abermals verdrängte und nicht verarbeitete Gefühle werden eingesperrt und in unseren Körperzellen eingelagert. Unsere nicht gelebten und zum Ausdruck gebrachten Informationen und Energien sind in unseren Seelen und Körpern gespeichert. Sie leben unterschwellig immer mit.

Ich meine hierbei wieder besonders die Gefühle, die in unserer Kindheit angemessen gewesen wären, aber verboten bzw. zu gefährlich waren: Angst, Verlustangst, Wut, Trauer, Ohnmacht, Verletzung, Scham, Schwäche, Hass, Einsamkeit…

In unserem Erwachsenenleben laufen wir Gefahr, dass diese Gefühle lauter und heftiger werden, wenn wir nicht bereit sind, uns ihrer anzunehmen, indem wir sie fließen lassen, wenn sie sich ausdrücken möchten.

Das Leben konfrontiert uns immer wieder mit entsprechenden Situationen und Begegnungen bestimmter Menschen, damit diese in uns gespeicherten Gefühle zum Ausdruck kommen können.

Leider ist sehr schwer diese alten Gefühle anzunehmen. Denn wenn wir in der Kindheit etwas Schlimmes erlebt haben, kamen wir zu dem Schluss, nicht liebenswert zu sein. Wir schämten uns dafür, am Leben zu sein und dieses Gefühl, keine Lebensberechtigung zu haben, wirkt leider nachhaltig in unser Leben hinein.

Auch körperliche Schmerzen und Beeinträchtigungen bringen uns mit dienenden Kräften in Kontakt. Diese Probleme und Schmerzen möchten, meiner eigenen Erfahrung nach, oft einfach ein uraltes gespeichertes Gefühl zum Vorschein bringen, um den Körper endlich von dieser gespeicherten Information/Schwingung zu befreien.

Sehr häufig verbergen sich hinter chronischen Schmerzerkrankungen und auch in schwierigen zwischenmenschlichen Beziehungen Botschaften, die uns zur persönlichen Entwicklung verhelfen möchten. Symptome und Probleme können uns auf über- oder untergeordnete Lebenskräfte aufmerksam machen. Ich werde in den folgenden Kapiteln, mit Hilfe der Erläuterung des sogenannten Being-Human-Modells noch genauer auf die uns dienenden Lebenskräfte eingehen.

Diese Kräfte bekommen durch das Wahrnehmen und Zulassen die Möglichkeit, etwas zum Vorschein zu bringen, um so den Sinn des momentan stattfindenden Prozesses zu verstehen. Aus solcher Einsicht heraus kann Veränderung und somit Heilung entstehen. Diese Veränderungen haben eine systemische Wirkung, denn wenn der Mensch aus sich heraus eine andere Haltung einnimmt, verändert sich in weiterer Folge auch das Umfeld.

Viele von uns neigen dazu, diese dienenden Lebenskräfte der eigenen Gefühle abermals und abermals abzulehnen. Dabei gilt es, diese Geschenke dankbar anzunehmen.

Leider gelang es auch mir viel zu lange nicht, meine eigenen Lebenskräfte bejahend annehmen zu können. Das Gefühl der Ablehnung war zum Beispiel für mich unerträglich. Ich tat alles Mögliche, um genau dieses Gefühl zu vermeiden. Bis ich mich eines Tages traute, es vollkommen anzunehmen und wirklich hinzufühlen. Ich konnte plötzlich entdecken, dass es für mich zwar sehr unangenehm und schmerzhaft war, aber ich durfte in weiterer Folge feststellen, dass ich, wenn ich mich abgelehnt fühlte, ich nicht automatisch ablehnenswert war.

Manches Mal werde ich noch nicht einmal wirklich abgelehnt. Und selbst wenn, dann ist es ein Gefühl, welches ich einfach fühlen darf, denn es gehört zu mir. Deshalb ist es da, es will mir endlich dazu verhelfen dieses Gefühl als Gefühl wahrzunehmen, um es nicht mehr mit einer Tatsache zu verwechseln.

Aus der ontologischen Sicht heraus gilt es, sich auf die Gefühle zu besinnen und sie sein zu lassen, denn nur so wird ein „Loslassen" möglich. Dieses Loslassen kann nicht aktiv geschehen, sondern ist im Sinne von „abwarten" zu verstehen.

Die meisten traumatischen Erlebnisse sind nur im Unterbewussten gespeichert. Dies ist ein Grund dafür, dass viele EKA regelmäßig unter unterschwelligen Gefühlen leiden, die scheinbar nichts mit der aktuellen Situation zu tun haben. Diese „unangemessenen Gefühle" empfindet der zur Reflexion fähige Erwachsene oft als absurd und unterdrückt sie dann abermals. Oder er distanziert sich noch während er sie fühlt, und nimmt daher die Gefühle auch nicht wirklich an.

Der alltägliche Kampf gegen das Fühlen verhindert nicht nur angebrachte, gesunde Reaktionen, sondern trägt maßgeblich zur Verwirrung bei. Nicht selten leidet auch der Körper unter diesem Widerstandsmodus.

Viele EKA tragen derartige „Gefühlserinnerungen" unbewusst ein Leben lang mit sich und werden davon in der Gegenwart beeinflusst.

Einige sind in verschiedenen Lebenssituationen viel zu impulsiv, um ja nicht mit dem eigenen Gefühl in Kontakt zu kommen. Sie neigen dazu, sich in Verhaltensweisen festzurennen, ohne alternative Handlungsmöglichkeiten oder eventuelle Konsequenzen bedenken zu können. Diese Impulsivität führt nicht nur zu Beziehungsproblemen, sondern auch zu Verwirrung, Selbstverachtung und Kontrollverlust.

Andere gehen beispielsweise extrem vorsichtig mit neuen oder nicht genau kontrollierbaren Ereignissen um. Diese Vorsicht mag teilweise sogar als nützliche Ressource dienen. Wenn aber die Vorsicht uns beherrscht, anstatt uns zu dienen und sich zu einer ständigen „Vor-Sorge" entwickelt, können diese Ängste zu einer echten Last werden. Eine Last, die unbewusst unser Leben steuert.

Sind wir allerdings in der Lage, uns dieser Ressource bewusst zu werden, indem wir sie als Vor-Sorge wahrzunehmen vermögen, kann sie uns im Leben unterstützen. Durch das Annehmen und Seinlassen, kann uns diese als hilfreiche Kraft dienen und ihren Bedrohungscharakter verlieren.

BEHINDERNDE PERSÖNLICHKEITSMERKMALE

Durch unbewusste Projektionen dieser gespeicherten und teilweise konditionierten Reaktionen auf unsere Gefühle in aktuellen Lebenssituationen, formieren sich meiner Meinung nach die meisten „Persönlichkeitsmerkmale", die Janet G. Woititz aus Beobachtungen erwachsener Kinder von Alkoholikern ableitete.[12]

---

[12] Janet Geringer Woititz, *Um die Kindheit betrogen - Hoffnung und Heilung für erwachsene Kinder von Suchtkranken*, München, 1990.

Ich möchte einige dieser Persönlichkeitsmerkmale näher erläutern:

Erwachsene Kinder von Alkoholikern...

- **... haben keine klare Vorstellung davon, was normal ist** - in der Kindheit stellten Extremsituationen für EKA „Normalität" dar!

- **... verurteilen sich gnadenlos** - zu tief sitzt das Gefühl, schuldig zu sein.

- **... fällt es schwer, Spaß zu haben** - weil die konditionierten Gefühle unverhofft in ihnen hochsteigen und sie diese diffusen Emotionen auf die Gegenwart projizieren.

- **... zeigen eine Überreaktion bei Veränderungen**, auf die sie keinen Einfluss haben - weil sie in der Kindheit ständigen Kontroll-Illusionen erlagen, glauben sie auch nach Jahrzehnten, die Kontrolle behalten zu können / müssen.

- **... suchen ständig Anerkennung und Bestätigung** - bedingt durch ihr fehlendes Selbstwertgefühl, versuchen sie sich von dem unterschwelligen Gefühl der Minderwertigkeit abzulenken. Dieses Gefühl beruht auf den fehlenden Erfahrungen bedingungsloser Liebe in frühester Kindheit: „Ich werde nur geliebt, wenn..."

- **... sind extrem zuverlässig**, auch wenn offensichtlich ist, dass etwas oder jemand ihre Zuverlässigkeit gar nicht verdient - weil sie oft nicht wissen, wo die eigenen Bedürfnisse aufhören und die des Anderen anfangen! Sie sind auch extrem zuverlässig, weil sie Angst vor Verurteilungen haben, denn in der Kindheit gingen Verurteilungen seitens der Eltern sowie Kritik der eigenen Verhaltensweisen oft mit einem teilweise dramatischen Schuldgefühl einher.

Die Unfähigkeit, mit diesen als lebensbedrohlich wahrgenommenen Situationen umzugehen, löste nicht nur körperliche Traumatisierungen aus, sondern lässt bei vielen EKA den unbewussten Glaubenssatz nachwirken: „Wenn ich mich für meine Bedürfnisse einsetze, laufe ich Gefahr verlassen zu werden." Ein Grund warum viele sich unheimlich schwertun, Hilfe und Heilung anzunehmen.

AUßENORIENTIERUNG UND KONTROLLZWANG

Eines der größten Hindernisse auf dem Weg zum eigenen Selbst stellt für mich die Außenorientierung dar. Timmen Cermak, der erste Präsident der National Association for Children of Alcoholics, beschreibt in seinem Buch „A Primer for Adult Children of Alcoholics" die wichtigsten Charakteristika von Co-Abhängigen folgendermaßen:

Co-abhängige Menschen verbergen oder ändern sogar ihre Identität und ihre Gefühle, um anderen zu gefallen und um ihnen nahe zu sein.

1. Das Verantwortungsbewusstsein für die Bedürfnisse anderer Menschen steht bei Co-Abhängigen an erster Stelle, selbst wenn dies auf Kosten der eigenen Bedürfnisse geht.
2. Schwaches Selbstwertgefühl und geringes Gespür für das eigene Selbst ist den meisten Co-Abhängigen zu Eigen.

3. Zwänge und Süchte treiben Co-Abhängige an und hindern sie daran, sich mit ihren tieferen Gefühlen auseinanderzusetzen.
4. Genau wie Alkoholiker und andere Menschen mit Suchtstrukturen verstecken sich Co-Abhängige hinter Verleugnungen und haben ein verzerrtes Verhältnis zur Willenskraft.[13]

Viele leiden so sehr unter ihren erlernten Eigenschaften, dass sie sich regelrecht vor ihren eigenen Gefühlen fürchten. Ihre Angst vor dem Verlust der Kontrolle, vor wütenden Menschen und Konflikten, lässt sie viel zu viel Verantwortung für andere übernehmen. Sie fürchten sich so sehr vor der Kritik anderer, dass sie kaum in der Lage sind, für ihre eigenen Interessen einzustehen. Das schwache Selbstwertgefühl führt zu harter Selbstkritik. Die durch die eigene Kritik verursachte Minderwertigkeit lässt viele längst Erwachsene übermäßig nach Anerkennung streben.

In solchen Momenten fühlen sich manche EKA wie kleine Kinder; sie passen sich viel zu schnell den Bedürfnissen und Meinungen anderer an. Ihre größte Angst aus der Kindheit, verlassen zu werden, lässt sie oft krankhaft an Beziehungen festhalten. Im Grunde sind sie auf der ständigen Suche nach Zustimmung.

Dies führt zur fast ständigen Außenorientierung. Wenn es ihnen gelingt, sich für ihre eigenen Interessen und Bedürfnisse einzusetzen, geht dies meistens mit einem schlechten Gewissen bzw. mit einem Reuegefühl einher. Da viele von ihnen Liebe mit Mitleid verwechseln, neigen sie dazu an destruktiven Beziehungen festzuhalten. Einige von ihnen landen wieder in Beziehungen mit Süchtigen, weil sie so ihre eigene Sucht - gebraucht zu werden - befriedigen können.

---

[13] Timmen L. Cermak, *A Primer on Adult Children of Alcoholics*, Health Publications, Deerfield Beach, 1989.

HOFFNUNGSLOSIGKEIT UND FEHLENDE SPIRITUALITÄT

Die Kontroll-Illusionen führen nicht nur zu Gefühlen von Unbehagen, die keine Ursache zu haben scheinen, sondern behindern auch jegliches Vertrauen in den Lebensfluss oder die Hingabe an eine höhere Macht. Die Gabe, dem Leben vertrauen zu können, ist vielen EKA nicht gegeben. Stattdessen leiden sie unter der ständigen, zuvor beschriebenen, Außenorientierung.

Somit haben sie auch wenig bis keinen Zugang zur eigenen Spiritualität und dadurch zu ihrem Inneren Selbst. Durch ihre oftmals schmerzhaften Erfahrungen mit den Grenzen ihrer Einflussmöglichkeit erleben sie Gefühle der Hoffnungslosigkeit, welche ihnen aus der Kindheit nur allzu vertraut sind.

Aus dem Gefühl der Hilflosigkeit entsteht in Folge häufig nur ein Gefühl der Ohnmacht. Als Alternative zur Hoffnungslosigkeit wäre die Hingabe an eine höhere Macht eine segensreichere Variante, da das Bitten um Hilfe ein Gefühl des Vertrauens mit sich bringen könnte.

Das ist auch der Grund, warum das philosophische Fundament dieses Buches neben der ontologischen Haltung auf zwei spirituellen Unterstützungsprogrammen basiert. Zum einen auf dem in Teil 2 vorgestellten 12-Schritte-Programm der Angehörigen von Alkoholikern, zum anderen auf dem folgenden Being-Human-Modell.

DAS BEING-HUMAN-MODELL

Dieses Modell ist von Alicia und Solihin Thom[14] in dem Buch „Being Human" („Mensch Sein") beschrieben und von Amalia Rasheed in die deutsche Sprache übersetzt worden. Aus Sicht des Being-Human-Modells und des beschriebenen 12-Schritte-Programms ist es nicht notwendig, einen bestimmten Glauben zu haben. Die Hinweise auf eine „höhere Macht" können ebenso als „universelle Kraft" oder als „etwas, das größer als wir selbst ist" verstanden werden.

Das Being-Human-Modell besteht aus fünf Lebenskräften und fünf essenziellen Qualitäten, die uns im Leben unterstützen. Das Verständnis darüber stammt aus Erfahrungen in der Praxis und ist auch aus uralten Traditionen verschiedener Kulturen bekannt. Die nachfolgenden Erläuterungen der Lebenskräfte und Qualitäten sollen dich immer wieder dazu einladen, den Prozess zu ermöglichen, das eigene Selbst wieder zu entdecken und liebevoll anzunehmen!

Im Being-Human-Modell unterscheiden wir fünf Lebenskräfte, dargestellt in einer Hierarchie von unten nach oben:

---

[14] Der Gründer von „Ad Humanitas", Solihin Thom ist Osteopath und Kinesiologe.

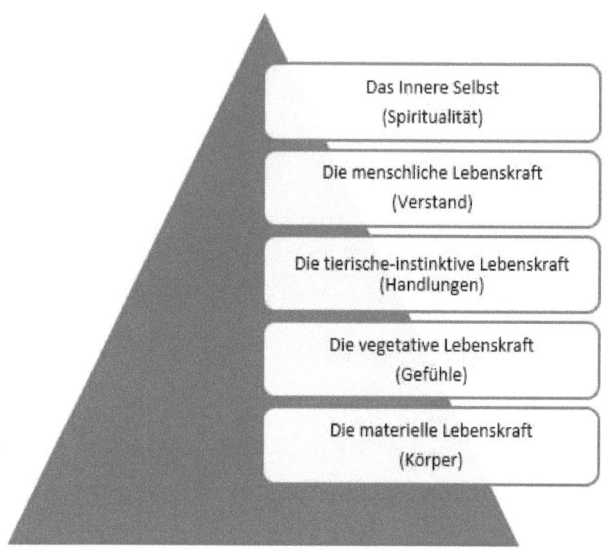

Befinden sich all diese Kräfte in einem ausgewogenen Zusammenspiel, fühlen wir uns gesund und wohl. Probleme und Symptome können uns auf das Wirken unter- oder übergeordneter Lebenskräfte aufmerksam machen.

Das harmonische Zusammenwirken dieser in uns vorhandenen Lebenskräfte, um die folgenden fünf dynamischen Qualitäten ergänzt, bildet die energetische Basis des Menschen:

Integrität

Flexibilität

Reflexion

Hingabe

Wertschätzung

Diese Qualitäten, die teilweise auch im Gesundheitssymbol des Merkurstabs zu finden sind, unterstützen das Zusammenspiel aller Lebenskräfte unseres Selbst: unseren Körper, unsere Gefühle, unsere Handlungen, unsere Gedanken und unsere individuelle Spiritualität.

Der bewusste Kontakt zu unseren ureigenen Lebenskräften hilft uns nicht nur, unser eigenes Wesen verstehen zu lernen, sondern ermöglicht uns auch die positiven Aspekte des Lebens wahrzunehmen. In diesen Ebenen ist alles angelegt, was ein Individuum vermutlich braucht, um den Herausforderungen des Lebens gewachsen zu sein.

Gemäß dem Being-Human-Modell möchte ich kurz über die Entstehung der einzelnen Hierarchieebenen reflektieren.

Am Anfang der Evolution gab es zunächst nur die reine **Materie** [materielle Ebene]. Die materielle Lebenskraft, also die reine Materie speichert Informationen und Ressourcen und stellt einen Nährboden für Pflanzen her. Im Boden ist alles gespeichert und alles wird letzten Endes wieder zu Boden.

Mit dem anschließenden Erscheinen der **Pflanzen** [vegetative Ebene] kam erstmals auch die Qualität der Integrität zum Tragen. Die *Integrität* ermöglichte es den Pflanzen, sich im Boden zu verwurzeln und sich zum Licht auszurichten. Die Pflanze kann sich zu ihren fühlenden und nährenden (vegetativen) Qualitäten, zusätzlich ihrer materiellen Ressourcen, die sie von ihren Vorfahren übernommen hat, bedienen. Diese ermöglichen ihr zum Beispiel ein Überleben unter schwierigen Lebensbedingungen.

In einem weiteren Evolutionsschritt versetzte die dynamische Qualität der *Flexibilität* die **Tiere** [instinktive Ebene] in die Lage, sich durch instinktives Verhalten besser auf die Lebensbedingungen einzustellen. Das Tier kann auf alle untergeordneten Lebenskräfte zurückgreifen. Es hat zusätzlich die Möglichkeit sich zu bewegen, kann jedoch sein Handeln nicht abwägen oder vergleichen und somit sein Tun in Frage stellen.

Die dynamische Qualität der *Reflexion* stellt die Verbindung zwischen der instinktiven Ebene und der Verstandesebene her. Die Reflexion verhilft uns dazu, einen Überblick über Geschehnisse zu bekommen und Erkenntnisse zu gewinnen. In dieser Entwicklungsphase kam der **Mensch** [Erkenntnisebene/Verstandesebene] mit seiner Fähigkeit des in die Zukunft gerichteten Denkens hinzu.

Der Mensch kann wie das Tier auf alle Ressourcen der untergeordneten Lebenskräfte zurückgreifen und sich zusätzlich seiner Verstandesebene bedienen. Er glaubt sein Schicksal steuern zu können und durch Anstrengung und Maßnahmen Katastrophen verhindern zu können. Da es uns aber nicht gelingt, alles zu erkennen und vorherzusagen, fühlen wir uns oft überfordert und von der Liebe getrennt.

An dieser Stelle kann uns die Qualität der *Hingabe* die Verbindung zu unserem **Inneren Selbst** ermöglichen. Es ist die Fähigkeit der Annahme und des Loslassens, die uns erlaubt, uns unabhängig von den Ergebnissen einer Situation getragen zu sehen. Es wird uns somit ermöglicht, den *Wert* in allem zu sehen, was die Schöpfung uns bietet.

Wenn es dem Menschen gelingt, sich all seiner Lebenskräfte und deren Ressourcen zu bedienen, fühlt er sich wohl und gesund und ist dem Leben gewachsen. Bei manchen Menschen ist die Hierarchie der Lebenskräfte etwas verrutscht, wie ich anhand weniger Beispiele kurz erläutern möchte:

Durch schlimme frühkindliche Erfahrungen haben wir schon sehr bald die eigene Gefühlsebene unterdrückt. Aus Überforderungsgefühlen heraus entschieden wir uns, bestimmte Gefühle und Emotionen nicht mehr zu fühlen und beschlossen, in zukünftigen Situationen ausschließlich auf unseren Verstand zu „hören".

In anderen Lebenssituationen wiederum kann es sein, dass die instinktive Ebene den Verstand dominiert. Manche Menschen verhalten sich in bestimmten Lebenssituationen viel zu impulsiv.

Aus einem Verteidigungsreflex heraus reagieren sie vorschnell, um ihre eigenen Gefühle wie z.B. Schuld oder Minderwertigkeit nicht spüren zu müssen. Sie neigen dazu, sich in Verhaltensweisen festzurennen, ohne alternative Handlungsmöglichkeiten oder eventuelle Konsequenzen ernsthaft bedenken zu können.

Jedoch gibt es auch Lebenssituationen, in denen sie regelrecht handlungsunfähig sind. Sie scheinen wie gelähmt, zum Beispiel aus Angst vor Verantwortung.

MEIN WEG ZUR WAHRNEHMUNG

In meinen Sitzungen als ontologische Kinesiologin verhelfe ich meinen Kunden dazu, genau diese speziellen Kräfte wahrzunehmen und sich auf sie einzulassen. Dadurch entsteht ein Prozess, der nicht nur das ausgewogene Zusammenspiel der uns innewohnenden Lebenskräfte wiederherstellt, sondern das Leben mit neuen Qualitäten erfüllt.

Die Möglichkeit, Lebensumstände aus einem anderen Blickwinkel und über den Rand des analytischen kausalen Denkens hinaus zu betrachten, half mir, mich auf dem Weg zu meinem Inneren Selbst so anzunehmen, wie ich bin. Dadurch bekam ich ein Selbstverständnis für mein eigenes Leben und erfuhr so die gewünschte Heilung und Entwicklung!

Früher suchte ich die Anerkennung oftmals im Außen; war gefangen in Überlegungen. Dank der ontologischen Haltung und mit Hilfe des Lebenskräftemodells lernte ich in Dankbarkeit das anzunehmen, was das Leben mir bescherte und kam so wieder in Kontakt mit mir selbst. Ich traute mich zum Vorschein kommen zu lassen, was ich in frühester Kindheit nicht ausreichend bekommen hatte und konnte so lernen, mir selbst zu geben, was ich brauchte.

Im weiteren Verlauf dieses Buches werde ich mit Hilfe meiner eigenen Geschichte die ontologische Haltung und die Lebenskräfte beschreiben. Weil ich mir wünsche, dass du beim Lesen meiner Geschichte mit deinen eigenen Lebenskräften Kontakt aufnehmen kannst, habe ich eine Art Körperbewusstseinsübung zusammengestellt.

Diese Übung soll dir dabei helfen, die verschiedenen Ebenen des Lebenskräftemodells einzeln kennen zu lernen und wahrzunehmen. Ich würde mich freuen, wenn du den ersten Teil der Übung gleich jetzt ausprobierst. Das mehrmalige Üben hilft dir, einen leichteren Zugang zu deinen dir dienenden Lebenskräften zu bekommen. Vielleicht kannst du diese Meditation sogar mit deinem Recorder aufzeichnen.

DIE LEBENSKRÄFTE-MEDITATION

Nimm eine bequeme Sitzhaltung ein und begib dich ganz bewusst in eine Art Beobachterposition, indem du als erstes deinen Atem wahrnimmst.

Beginne nun, dich ganz bewusst auf die körperliche Ebene zu konzentrieren. Vielleicht magst du einmal deinen gesamten Körper scannen? Wahrscheinlich meldet sich die eine oder andere Körperstelle - bitte nimm sie ganz bewusst wahr.

Welches Gefühl drückt sich in dieser Körperstelle aus? Bleibe bewusst auf dem Platz des Zeugen, während du dich so auf deine vegetativen Lebenskräfte konzentrierst. Welche Gefühle möchten sich in diesen Körperregionen ausdrücken? Nimm dir Zeit sie zu fühlen und zu benennen.

Nimmst du vielleicht gleichzeitig einen Impuls auf der tierischen Ebene wahr, dem dein Körper vielleicht sogar nachgeben möchte? Oder drückt sich eine Emotion aus, während du mit deiner Wahrnehmung auf der instinktiven Ebene innehältst? Vielleicht verspürst du einen Gähn-Impuls oder einen Bewegungs-Impuls. Wenn du möchtest, dann gib dem Impuls nach. Aber bleibe weiterhin in der Beobachterposition, indem du gleichzeitig deinen Atem wahrnimmst.

Vielleicht magst du nun die menschliche Ebene beobachten. Welche Gedanken gehen mit diesen Körperempfindungen einher? Nimm sie bewusst wahr. Ohne sie zu beurteilen oder zu bewerten. Vielleicht kannst du beobachten, dass diese Gedanken einen Einfluss auf die körperliche Ebene, auf die Gefühlsebene oder auf die instinktive Ebene haben.

Was passiert zum Beispiel mit deiner Nackenmuskulatur? Welchen Einfluss haben deine Gedanken auf deine Gefühle? Was verändert sich in deinem Körper? Welchen Impulsen möchtest du nachgeben? Nimm alles wahr und das möglichst wertfrei. Vielleicht gelingt es dir, deinen Körperempfindungen eine Art Verständnis oder sogar ein Mitgefühl entgegenzubringen?

Oder ist es eher so, dass sich auf einer dieser Ebenen eine Art Widerstand ausdrücken möchte? Sind es unangenehme Gefühle? Sei dir bewusst, dass die Gefühle nur Gefühle sind, und die Gedanken nur Gedanken. Und öffne ihnen dein Herz, indem du ihnen einfach Gelegenheit gibst, sich für dich auszudrücken. Wenn du deine Gedanken wahrnimmst, bemühe dich nicht, sie zu verstehen, sondern bemerke einfach, wie sich diese Gedanken oder Erinnerungen in deinem Körper auswirken. Mit dem Vertrauen, dass jedes Symptom die eigene Lösung in sich trägt.

Für den Anfang empfehle ich die Übung langsam zu beenden, indem du schrittweise wieder deine Umgebung wahrnimmst.

Später, wenn du ein wenig Übung hast, deinem Körper zuzuhören, kannst du die Übung sogar noch erweitern, indem du am Ende der Übung versuchst, die dahinterliegende Sehnsucht zu entdecken. Denn meistens geht mit jedem neu entdeckten Gefühl eine Sehnsucht einher.

Oft ist diese Sehnsucht genau das Gegenteil von dem, was dir so zu schaffen macht. Vielleicht gelingt es dir, dieser Sehnsucht Anerkennung zu schenken und auch diese Sehnsucht als Gefühl wahrzunehmen.

Möchten diese Sehnsucht und das Gefühl, welches mit ihrer Erfüllung einhergehen würde, einfach nur für möglich gehalten werden? Gelingt es dir, dein Herz für diese Sehnsucht und dieses Gefühl zu öffnen?

Kannst du dir sogar ein Bild oder eine Situation ausmalen, in der deine Sehnsucht schon erfüllt ist? Gelingt es dir, dein Herz auch für dieses positive Gefühl zu öffnen?

Nachdem du diesem Gefühl Raum gegeben hast, kannst du die Übung langsam beenden.

LEBENSKRÄFTE UND IHRE RESSOURCEN

Die uns dienenden Lebenskräfte sind in unserem Alltag oft nicht sichtbar oder verständlich. Dabei möchten diese Kräfte etwas in uns zum Vorschein bringen. Sie dienen uns, unser Leben und unser Sein aus einer anderen Perspektive wahrzunehmen. Sie helfen uns, mit unserem Inneren Selbst in Kontakt zu bleiben.

Wenn wir uns auf die eigenen „dienenden Kräfte" einlassen, lernen wir, uns dem Lebensfluss mit all seinen Facetten anzuvertrauen und beenden den Kampf in unserem Leben, ständig etwas tun oder verändern zu müssen.

Da bei EKA oftmals die Hierarchie sowie das Zusammenspiel der Lebenskräfte aus dem Gleichgewicht geraten sind, möchte ich dies zunächst anhand eigener Erfahrungen schildern. Auch hier geht es mir nicht darum, die Defizite der EKA zu betonen, sondern ich möchte lediglich durch eine andere Sichtweise ein Verständnis ermöglichen, wie diese dienenden Kräfte wirken, um sie als Ressource wahrnehmen zu können.

In den folgenden Abschnitten werde ich die Lebenskräfte ausführlich darstellen und einige Beispiele im Umgang mit ihnen im täglichen Leben beschreiben.

DIE MATERIELL-KÖRPERLICHE EBENE

Die materiell-körperliche Ebene ist der Ursprung allen Lebens. Die Materie, der Boden, auf dem die Samen keimen können und Leben entstehen kann.

Der Körper enthält genetische Informationen und Ressourcen, die nicht unbedingt im jeweiligen Leben zum Tragen kommen müssen. Viele von diesen sogenannten Informationen und Schwingungen werden lediglich als Ressourcen an folgende Generationen weitergegeben.

Unser Körper besitzt im Grunde ein Archiv, in dem alle unsere emotionalen und körperlichen Erlebnisse gespeichert sind. Auch Traumatisierungsreaktionen des Körpers, wie zum Beispiel Erstarrungs- oder Aggressionsreaktionen finden hier ihren Ursprung.

In vielen Situationen unseres Lebens, besonders in der Zeit der absoluten Abhängigkeit, im Säuglings- und Kleinkindalter hat unser Körper Überlebensstrategien entwickelt, die im Erwachsenenalter nicht mehr sinnvoll sind.

Heute weiß ich, dass mein Körper früh verlernt hat, sich dem Leben und seinen Gefühlen zu öffnen. Er reagierte schon sehr früh mit einengenden Mustern. Schon als Baby spiegelte meine überforderte Mutter nicht liebenswert zu sein.

Das zu wissen hilft mir, meinem Körper gegenüber nachsichtig zu sein, wenn er verkrampft, um mich in solchen Momenten nicht weiter zu verschließen.

Denn nur, wenn ich mich dieser körperlichen Erstarrungs-Reaktion verständnisvoll und annehmend zuwenden kann, kann ich den jahrzehntelangen Teufelskreis der Angst und Erstarrung auflösen. (Angst – Erstarrung – Angst - Erstarrung) Ich habe gelernt Vertrauen zu bekommen, dass mein Körper es neu lernen darf: Dass alles gut ist - dass keine Strafe, Demütigung oder Lebensgefahr mehr besteht.

In Bezug auf die Genesung eines Co-Abhängigen sehe ich auf der materiell-körperlichen Ebene, die unter anderem auch für unsere genetischen Informationen, d.h. die Ahnen steht, eine Chance unseren Boden, unseren Körper und unsere Eltern so anzunehmen, wie sie sind bzw. waren, mit all ihren Licht- und Schattenseiten.

Wenn uns dies schwerfällt, weil es vielleicht immer noch nicht gelingt, ungeliebte Gefühle und Emotionen zuzulassen; und ein Gefühl der Vergebung noch nicht möglich bzw. nicht wahrhaftig wäre, gäbe es die Möglichkeit, unseren Boden dennoch anzuerkennen. Indem wir versuchen, die in uns befindlichen genetischen und erlernten Komponenten, die auf allen Ebenen in uns wirken, anzunehmen.

Denn so können wir lernen, uns in Bezug auf unsere körperlichen Beschwerden eine Zukunft vorzustellen, die anders ist als unsere Vergangenheit.

Ich durfte in meinen Meditationen unzählige Male die Erfahrung machen, dass meine Symptome die Lösung in sich trugen und eine Heilung möglich war, nur weil es mir gelang zu meinen körperlichen Reaktionsprozessen bewusst in Kontakt zu treten.

DIE VEGETATIVE EBENE

Die vegetative Ebene ist die zweite Hierarchieebene des Lebenskräfte-Modells. Durch sie wurde in der Evolution aus reiner Materie das Leben erschaffen: die Pflanzenwelt. Im Lebenskräftemodell stellt sie die Gefühlsebene dar. Durch sie sind wir Menschen in der Lage unsere Gefühle wahrzunehmen.

Als dienende Lebenskraft verhilft sie, Informationen und Reize aus der Umwelt zu filtern und aufzunehmen, um sie anschließend als Gefühle wahrzunehmen. Sie zeigt sich uns über Bedürfnisse wie beispielsweise Hunger und Durst oder über Gefühle wie Kälte und Wärme. Die Empfindungen, die unsere Sinne wahrnehmen, werden von uns Menschen als Gefühle benannt und interpretiert.

Das sogenannte limbische System, welches alle unsere Sinnes-Erfahrungen abspeichert, wird die aktuelle Wahrnehmung mit den gespeicherten Emotionen und Gefühlen vergleichen. So sind die von uns wahrgenommenen Gefühle oft schon von erlebten Erfahrungen eingefärbt. Unverarbeitete Familienschicksale beeinflussen unsere Sinneswahrnehmungen ebenso wie traumatische Erfahrungen, die auf körperlicher Ebene gespeichert sind.

Deshalb reagiert auch jeder unterschiedlich auf Reize von außen. Was den einen anregt, inspiriert und ihm wohltut, kann den anderen „auf die Palme" bringen und den nächsten in eine Art Schockstarre versetzen. Die auf Grund unserer persönlichen Geschichte trainierten Reaktionen des Nervensystems erzeugen ganz individuelle Wahrnehmungsweisen und Bewertungen.

Wie sehr auch Gedanken einen Einfluss auf unser vegetatives System haben, erleben wir deutlich beim Betrachten eines Action-Filmes oder wenn wir ganz bewusst an etwas sehr Unangenehmes denken. Desgleichen wirken allerdings unsere unbewussten Gedanken auf uns ein.

Allzu häufig nehmen wir die Gegenwart nur mit dem gefühlten Sinn[15] der Vergangenheit wahr und sind uns dessen meistens noch nicht einmal bewusst.

Da ist zum Beispiel das scheinbar ursprungslose Gefühl von Unbehagen, unter dem viele EKA häufig leiden. Hier kann es helfen, sich des eigenen, echten Gefühlszustandes bewusst zu werden, ohne ihn zu verfälschen oder sich davon zu distanzieren, obwohl es doch so unangebracht scheint. Der Schlüssel hierzu ist, dieses Gefühl einfach als Gefühl wahrzunehmen und nicht als Tatsache.

Vereinzelt ist es sogar möglich, dieses Gefühl mit einer Erinnerung zu verknüpfen. Hierbei ist anzumerken, dass wir EKA uns oftmals nicht mehr an die Situationen, die Gefühle auslösten, erinnern können, da aus einer Schutzfunktion heraus vieles ins Unterbewusstsein verdrängt wurde.

Dennoch können wir EKA immer öfter durch bewusstes Wahrnehmen einen Bezug zu „früher schon Erlebtem" herstellen. Immer wieder gelang es mir, durch eine klare Sicht auf die Verstrickungen und Konditionierungen der Kindheit, eine sogenannte „Neubewertung der Stresssituation" vorzunehmen. Die scheinbar ausweglose Situation verwandelte sich in eine annehmbare Herausforderung, lediglich durch mein Wahrnehmen und Bewerten der Situation.

Meine täglichen Überforderungsgefühle und Gedanken der Machtlosigkeit wandelten sich langsam in Gefühle und Gedanken des Vertrauens, die Situation bewältigen zu können, einfach durch ganzheitliches Wahrnehmen.

---

[15] Eugene T. Gendlin beschrieb den Begriff „felt sense" in Focusing, Rowohlt; Auflage: 10 (2012).

DIE INSTINKTIVE EBENE

Gesunde Menschen haben wie Tiere einen gesunden Zugang zu ihren Emotionen. Diese verhelfen uns dazu, andere an unseren Gefühlen teilhaben zu lassen. Ähnlich wie in der Tierwelt können uns gesunde Aggressionen dazu verhelfen, uns angemessen zu verteidigen oder uns vor scheinbaren Angriffen durch Abwehr (z.B. durch Erheben der Stimme) zu schützen. Viele Menschen, die in suchtkranken Familien aufwuchsen, haben ihren gesunden Aggressionen gegenüber eine Angst entwickelt.

Bei traumatisierten Menschen ist die Abwehr gegen die eigene Aggression so groß, dass sie in eine Starre verfallen. In den Momenten kann die Angst vor dem Leben so groß werden, dass viele nicht nur körperlich erstarren, sondern gleichzeitig in eine Art Gefühlslähmung zurückgeworfen werden. Sie verlieren sich in einer ängstlichen Verschlossenheit dem Leben gegenüber.

Peter A. Levine empfiehlt in seinem Buch „Vom Trauma befreien" ein Gewahrsein für die physischen Empfindungen und Gefühle zu entwickeln. An dieser Stelle möchte ich betonen, dass „kein Gefühl haben" oder Gefühlslähmung auch eine Empfindung ist, welche es im Heilungsprozess zu fühlen gilt.

Nach meiner eigenen Erfahrung ist es unerlässlich, auch unsere menschliche Ebene zu beobachten, denn oft werden die Erstarrungsgefühle von Katastrophenfantasien begleitet. Sich diesen Fantasien nicht zu unterwerfen oder sich mit ihnen zu identifizieren, sondern sie als Gedanken bewusst wahrzunehmen ist hier die Lösung.

Gelingt es uns, die körperlichen Empfindungen auf diese Weise einmal getrennt von all unseren Vorstellungen und Emotionen, insbesondere ängstlicher Erregung zu betrachten, so lassen sie sich relativ undramatisch erleben.

Denn wie beim Tier wäre es im Grunde nur eine vorübergehende Schutzfunktion - eine Art biologisches Totstellen - um in weiterer

Folge der Gefahrensituation auszuweichen, um dem Leben in voller Energie begegnen zu können.

Die Ressource, Feinde abzuwehren, sich bessere Lebensbedingungen zu erkämpfen und diese zu verteidigen, ist der instinktiven Ebene zuzuordnen.

Die drei instinktiven Reaktionen auf ein Gefühl der Bedrohung wären Kampfbereitschaft, Flucht und sich-tot-stellen, wobei sich das gesunde Tier der letzteren Erstarrungsreaktion nur bedient, wenn die ersten beiden aussichtslos scheinen.

Das Tier hat die Fähigkeit, entschlossen zu reagieren, ohne sich dabei in Frage zu stellen. Das „Sich in Frage stellen" ist ausschließlich der menschlichen Ebene vorbehalten.

Die instinktive Reaktion ist ein wichtiges Signal, um uns von den Gefühlen und Emotionen anderer abgrenzen zu können. Viele EKA haben Probleme mit gesunder Abgrenzung, weil sie sich von klein auf verboten haben, die instinktive Ressource des Ausweichens (Flüchtens) zu nutzen. Stattdessen verharren sie in unangenehmen Situationen und schneiden sich von ihren Gefühlen ab, um die Verantwortung für das Umfeld übernehmen zu können.

Als Tochter zweier alkoholkranker Eltern war ich von klein auf gewöhnt, mich aufzuopfern. Ich lernte viel zu früh, für die Bedürfnisse anderer Menschen einzustehen. In meinem Heilungsprozess musste ich mir ehrlich eingestehen, dass ich für meine Eltern häufig nicht als empfindender Mensch existierte, sondern nur als Wesen, welches für das Wohlergehen der anderen zuständig war.

Früh lernte ich mich anzustrengen, um von meinen Eltern Anerkennung zu bekommen. Vor allem der Stolz meiner Eltern machte mich glücklich, weil ich dadurch einen direkten Einfluss auf ihr Wohlgefühl hatte. So ergab es sich, dass ich in meinem Beruf sehr erfolgreich wurde. Auch die Ressource, Verantwortung zu übernehmen, trainierte ich ja schon seit frühester Kindheit.

Nicht nur meine co-abhängigen Familienmitglieder waren daran gewöhnt, dass ich beim geringsten Anlass nachgab und mich anpasste, sondern auch meine Vorgesetzten und Kollegen lernten schnell davon zu profitieren.

Meine jahrelange körperliche Überforderung konnte ich tatsächlich nicht wahrnehmen. Denn dieses Gefühl war eines der Gefühle, die ich mir als Kind verbot zu fühlen, um nach nächtelangem Terror in der Schule nur nicht aufzufallen. Mein Perfektionsdrang ließ mich dann mit Ende 30 den Zeitpunkt erreichen, an dem ich meine Symptome nicht mehr länger verheimlichen konnte. Ich litt unter Rückenschmerzen, die verhinderten, dass ich mich durch den Tag tragen konnte.

Trotz dieser Symptome, die mein Leben einschränkten, war ich tatsächlich nicht in der Lage, das Gefühl der Überforderung wahrzunehmen. Selbst Gefühle wie Frust oder Wut waren mir fremd. Stattdessen betrieb ich jahrelanges Ärzte-Hopping, immer auf der Suche nach Fehlern, die ich beheben könnte, wie z.B. Diäten und Bewegungstherapien bis hin zur Entfernung von Amalgam. Immer weniger traute ich mir zu, aus mir heraus das Richtige zu tun und suchte verzweifelt und leider erfolglos die Lösung im Außen.

Auf der instinktiven Ebene ermöglicht uns die Qualität der Flexibilität, Gefühle wahrzunehmen und ausdrücken zu können, indem wir aus dem Gefühl heraus spontan und entschlossen reagieren. Dieses spontane Handeln, das uns authentisch und ehrlich auf unser Gegenüber wirken lässt, verhilft uns im Weiteren zur Wahrhaftigkeit und stellt die Verbindung zu unserem Inneren Selbst dar.

Traumatisierungen und Angst-geprägtes Verhalten in unserer Kindheit lassen uns bestimmte Schmerzen, Gefühle und Verletzungen komplett unterdrücken. Durch vorgeprägte Verhaltensmuster und Überzeugungen können wir nicht fühlen, was richtig, falsch oder angemessen wäre. Wir handeln oft nicht aus unserer Integrität heraus, sondern unser Instinkt dominiert mit alten

Überlebensstrategien, weil wir uns in verschiedenen Situationen nicht auf Erfahrungen der Sicherheit und des Vertrauens stützen konnten.

Dadurch bedingt fällt es uns schwer, aus unserem reinen Gefühl heraus zu reagieren. So können viele EKA auch heute noch nicht ihr innerstes Wesen ausdrücken, weil sie ihrer Intuition nicht vertrauen.

Wenn uns zum Beispiel in der Kindheit, wenn wir weinten oder jammerten, das unberechenbare Chaos drohte: in Form von Schuldzuweisungen, Überforderung oder Ärger mit einhergehendem erhöhtem Alkoholkonsum, kann es vielleicht heute noch so sein, dass wir unseren Schmerz verdrängen? Um nicht in den alten Teufelskreis von Scham-, Schuld- und Selbsthassgefühlen zu schlittern?

Lautet unser erster Gedanke vielleicht immer noch:
- Ich sollte keine Gefühle zeigen!
- Ich sollte weniger jammern!
- Ich sollte die anderen in Ruhe lassen!
- Ich sollte nicht spüren, wie verletzt ich bin!
- Ich sollte keine Hilfe annehmen!
- Mein Körper sollte weniger schmerzen!

Wie viele Empfindungen haben viele von uns schon als Kind verbannt, um in einer solchen Familie überleben zu können, ohne sich dem ständig drohenden Schuldgefühl und dem daraus folgendem Selbsthass auszusetzen?

Gilt es jetzt, diese Gefühle - ohne unseren Rechtfertigungszwang nachzugeben - einfach anzunehmen? Können wir lernen, von unseren Sinneseindrücken Gebrauch zu machen, anstatt sie einzulagern oder zu verfälschen?

EKA können sich nur sehr schwer oder gar nicht von den Gefühlen anderer Personen abgrenzen, weil sie manchmal wirklich nicht spüren können, wo sie stimmungsmäßig anfangen oder andere aufhören. Es stellt sich zunehmend ein Gefühl der Verwirrung ein, wobei den EKA meist klar ist, dass sie dabei sind, sich zu verzetteln.

Die co-abhängigen Geschwister in den belasteten Familien haben oft eine Art Ping-Pong mit ihren Gefühlen gespielt. Insbesondere mit den von ihnen als negativ empfundenen Emotionen, wie zum Beispiel dem Verantwortungs- und Schuldgefühl, das es einerseits abzustoßen galt wie eine heiße Kartoffel. Andererseits kamen viele ebenso, bedingt durch ihre Außenorientierung, in die Versuchung des übertriebenen Mitgefühls (siehe Kapitel Empathie und Mitgefühl), um ihren geliebten Geschwistern und Eltern einen Teil der Bürde abzunehmen.

Dabei wäre es für alle Beteiligten einer suchtkranken Familie immens wichtig, sich des eigenen Gefühls anzunehmen und sich nicht länger in die Emotionen der anderen verwickeln zu lassen. Dies würde es den anderen wiederum erleichtern, zu ihren Gefühlen stehen zu können. Der Hauptgrund eines EKA, seine Gefühle zu verleugnen, ist schließlich, dass er/sie um jeden Preis vermeiden möchte, irgendwelche unangenehmen Gefühle beim anderen auszulösen – wiederum aus Angst, sich dann erneut für dessen Gefühle schuldig zu fühlen. Welch ein Teufelskreis, aus dem man nur aussteigen kann, wenn man bei sich und seinem Gefühl bleibt und dem anderen sein Gefühl überlässt!

Abwehrgefühle wie Wut und Ärger sind Emotionen und dienen uns zur Abgrenzung. Nicht nur, wenn wir sie unserem Gegenüber offen ausdrücken, sondern auch, wenn wir sie als „dienende tierische Lebenskraft" für uns selbst nutzen. Sie bringen uns wieder mit uns selbst in Kontakt.

Kinder von Süchtigen lernten früh, diese „Abwehrgefühle" zu unterdrücken, um sich gefühlsmäßig nach außen orientieren zu können. Dadurch erhofften sie, die Überforderung und somit das Trinken des Suchtkranken verhindern zu können. Außerdem lernten sie viel zu früh, Verantwortung für das Verhalten anderer zu übernehmen.

Diese Verantwortungsgefühle nahmen besonders dann dramatische Dimensionen an, wenn beide Elternteile unter Alkoholproblemen litten. In diesen Familien versorgten die Kinder nicht nur sich selbst und ihre Geschwister, sondern auch die alkoholisierten Eltern. Und das immer im Glauben, einen Einfluss auf das Trinkverhalten und somit auf das Wohlergehen jedes einzelnen Familienmitglieds zu haben.

Uns muss klarwerden, dass die uns antrainierte Kontrollüberzeugung dazu geführt hat, Aufgaben und Verantwortungen nur sehr schwer ablehnen zu können. In Stresssituationen können wir bedingt durch Gefühls-Verwirrungen nicht mehr angemessen reagieren, um eine Aufgabe abzulehnen.

Gerade weil wir den Eindruck erwecken, für alles eine Lösung zu haben, bekommen wir häufig Folgendes zu hören: „Mach du doch – du kannst es sowieso besser". Das ist dann der letzte Auslöser, welchen wir benötigen, um wieder in die Verantwortung und unsere Opferrolle zu rutschen.

Meiner Meinung nach führt folgender Weg aus diesem Dilemma: Sich selbst in voller Wahrhaftigkeit treu bleiben!

Ich halte es für sehr wichtig, die antrainierte Außenorientierung im Leben des Erwachsenen wahrzunehmen. Denn in diesen Momenten können die EKA sich immer wieder ganz bewusst dazu entscheiden, sich selbst und ihren eigenen Gefühlen zuzuwenden.

Weiterhin ist es wichtig, den Drang zu beobachten, das Verhalten und die Emotionen anderer kontrollieren zu wollen, um auch in diesen Situationen ganz bewusst zu sich selbst und den eigenen Bedürfnissen zurückzufinden. Immer öfter wird es uns durch die Qualität der Flexibilität gelingen, aus unserem eigenen Gefühl heraus zu reagieren.

Wir müssen das wahre Gefühl des gegenwärtigen Augenblicks annehmen und dies unbedingt auch bei Begegnungen mit unseren Mitmenschen berücksichtigen. Welches Gefühl auch immer in uns aufsteigt, selbst wenn es eines von diesen in der Kindheit völlig verbotenen Gefühlen ist, wie Angst, Schuld, Scham, Wut, Traurigkeit, Verachtung, Einsamkeit, Angst vor Ablehnung [Liebesentzug]- es gilt, diese Gefühle wahrzunehmen und sein zu lassen.

Wenn wir uns bei diesen Gefühlen schuldig fühlen, dürfen wir auch dieses diffuse Schuldgefühl mit an Bord nehmen. Denn dies ist ein Gefühl, auf das wir in unserer Kindheit unbewusst und ungewollt konditioniert worden sind! Viele von uns haben es ein Leben lang mit einer Tatsache verwechselt.

Wenn dieses diffuse Schuldgefühl nicht weiter unser Leben bestimmen soll, müssen wir uns trauen, es nicht länger verdrängen zu wollen. Wir müssen dringend wahrnehmen und verstehen, dass dieses Gefühl nur ein Gefühl ist und keine Tatsache. Durch dieses Verstehen können wir die menschliche Ebene mit einbeziehen, bevor unser Instinkt uns dazu verleitet in die alte ungesunde Anpassung, Reue und Aufopferung zu verfallen.

DIE MENSCHLICHE VERSTANDESEBENE

Auf der Verstandesebene hat der Mensch die Möglichkeit, Vergleiche und kausale Zusammenhänge herzustellen und somit die Möglichkeit, sich und sein Tun in Frage zu stellen. Da unser Verstand durch Erfahrungen, angesammeltes Wissen, Glaubensmuster etc. vorgeprägt ist, neigt er dazu, das Erfahrene mit seinen kulturellen, religiösen, familiären und zum Teil vererbten Filtern abzugleichen.

Außerdem analysiert unser Verstand immer in der Dualität/Polarität. Dementsprechend wird unser Urteil entsprechend oft voreingenommen gefällt. Es wird differenziert in Kategorien wie schwarz/weiß, gut/schlecht und vor allem richtig/falsch.

Wir übersehen bedauerlicherweise, dass es in der Natur keine Fehler gibt. Eine schiefe Pflanze ist eine schiefe Pflanze. Aber wir glauben an Fehler, weil wir glauben, dass wir auf alles einen Einfluss haben. Wenn wir das Leben nur richtig verstehen könnten, würden wir es auch in die richtige Richtung lenken.

Genau dieses Denken bringt ein großes, rein menschliches Problem mit sich: in dem Moment, in dem wir glauben, etwas verstehen und erklären zu müssen, gehen wir meist in die Rechtfertigung und trennen uns von dem, was ist, und somit von uns selbst und vom Leben.

Eine in uns richtende Instanz glaubt tatsächlich, wir hätten ständig die Wahl und könnten allen äußeren Wertigkeiten entsprechen. Das ist meiner Meinung nach der Grund für eines unserer größten menschlichen Probleme: die Angst, etwas Falsches zu tun!

Ist es aber nicht so, dass wir immer unser Bestes geben, auch wenn sich vielleicht hinterher herausstellt, dass es nicht richtig war? Nehmen wir als Beispiel unsere jahrelange Selbstverleugnung, das Verdrängen unserer Gefühle. Das taten wir schlichtweg, um in einem Zuhause mit suchtkranken Eltern zu überleben. Wir ahnten noch nicht einmal, dass wir uns später genau hierfür selbst verurteilen könnten.

Unser Verstehen-wollen kann uns wieder dazu verleiten, die Ursache bekämpfen zu müssen, irgendetwas rückgängig machen zu wollen, uns aus familiären Verstrickungen zu lösen, um dem zu entkommen, was uns stört. In der ontologischen Haltung möchten wir die Abfolge der Ereignisse zwar in unser Verständnis für die gegenwärtige Situation mit einbeziehen, sie aber nicht als Erklärung hernehmen im Sinne von „verstehen wollen". Denn Interpretationen oder auch Rechtfertigungen sind meist ein Ausweichmanöver von dem, was ist. Aus der ontologischen Haltung heraus reicht es wiederum vollkommen aus wahrzunehmen: „Die Wahrheit des jeweiligen Augenblicks zu nehmen."

Gerade die Auseinandersetzung mit den Zusammenhängen von Vergangenheit und Zukunft lässt uns die Welt in Frage stellen. Dieses Auseinandersetzen ist uns Menschen bei Entscheidungen im Leben sehr dienlich, wie beispielsweise im Beruf und in der Wissenschaft.

Leider führt die EKA dieses „in Frage stellen" allzu häufig in die in der Kindheit geprägten Kontroll-Überzeugung und die damit einhergehende Schuldfrage. Viele EKA berichten, dass sie selbst bei vernachlässigbaren Kleinigkeiten ständig auf der Suche nach dem Schuldigen sind, und das meist, um sich des eigenen Schuldgefühls zu entledigen.

Bewusste oder unbewusste Versuche, diese unangenehmen Gefühle zu kontrollieren, entspringen dem Glauben, für unser Schicksal selbst verantwortlich zu sein. Dabei können wir uns in der Aussage dieser Lebenskräfte getragen sehen, wenn uns gelingt, sie als reine Gefühle zu erkennen.

Unser Verstand ist nämlich auch die Lebenskraft, die uns ermöglicht, uns unserer selbst bewusst zu werden. Mit seiner Hilfe können wir mit Aha-Erlebnissen aus Krisen hervorgehen und somit neue Erkenntnisse erfahren. Zum Beispiel die Erkenntnis, dass unser Schuldgefühl nur ein Gefühl ist und keine Tatsache.

SCHULDGEFÜHLE

Unter dieser mir selbst zugeschriebenen Schuld litt ich mein bisheriges Leben. Das Schlimme daran war, dass ich dieses Gefühl nicht nur nicht wahrgenommen, sondern noch nicht einmal erahnt hatte. Ich hatte es komplett unterdrückt, weil es mir, dem erwachsen gewordenen Kind, unlogisch und nicht gerechtfertigt erschien.

Ich ahnte, dass dieses unterschwellige, diffuse Gefühl im Erwachsenenleben einen großen Einfluss auf meine Beziehungen hatte. Ich wusste plötzlich, warum es mir so schwerfiel, zu mir selbst zu stehen, für mich einzustehen. Langsam bemerkte ich, dass mein Unterbewusstsein (mein inneres Kind sozusagen) unglaubliche Strategien entwickelt hatte, um eben dieses, im wahrsten Sinne unerträgliche Schuldgefühl nie wieder erleben zu müssen.

Mein Verstand und mein Körper fanden Lösungen und Wege: Zum Beispiel durch Nachgeben. Oder ich wurde eben krank, wenn ich mich nicht traute, Rücksicht für mich einzufordern, ohne mich schuldig zu fühlen. Natürlich geschah das alles absolut unbewusst. In den seltensten Fällen war dieser „Symptomgewinn" ein tatsächlicher Gewinn, denn zum Beispiel die Auszeit, die ich mir vor lauter Schmerzen nahm, war selten ein Genuss.

Im Gegenteil, die mir damals völlig unbewussten Glaubenssätze wie z.B.: „Meine Bedürfnisse sind nicht wichtig" hinderten mich daran, mein Leben zu leben. Es ging so weit, dass mein täglicher Rückenschmerz mich dazu brachte, ständig zu denken: „Das sollte ich lieber nicht tun, ich könnte es bereuen."

Mehr und mehr verbrachte ich meine Tage vor lauter Schmerzen in der horizontalen Lage, um ja nichts Falsches tun zu können. Oder war es andersherum? Lähmte meine „Angst, das falsche tun zu können" mich so sehr, dass meine Muskeln bei der geringsten Bewegung schmerzten? In jedem Fall wirkte ein Vermeidungsmuster. In meinen Trauma-Therapiesitzungen konnte ich körperlich erleben, dass genau diese Vermeidungsmuster mir in frühester Kindheit mein Überleben gesichert hatten.

Diese gefühlten Erfahrungen halfen mir endlich, diese immer noch wirkenden Abwehrmuster annehmen zu können und so meinem Körper bei der Transformation von dem Gefühl der Bedrohung zu dem Gefühl der Sicherheit zu unterstützen.

Auch in Meinungsverschiedenheiten tat ich mich unheimlich schwer, bei mir, bei meinen Gefühlen und meiner eigenen Meinung zu bleiben. Durch den plötzlichen Verlust des Sicherheitsgefühls war ich als EKA manchmal unfähig, dem anderen meine Gefühle und Bedürfnisse mitzuteilen.

Aus lauter Angst vor dem in meiner Kindheit als unerträglich erlebten Ablehnungs- und dem einhergehenden Schamgefühl, verdrehte ich meine eigenen Gefühle und Wahrnehmungen so lange, bis auch das Gefühl „mit den eigenen Bedürfnissen nicht angenommen werden" im Keim erstickt war. Denn auch dieses Gefühl wollte mein Unterbewusstsein um jeden Preis vermeiden. Durch die ontologische Haltung und mit Unterstützung psychotherapeutischer Hilfe konnte ich mir nach und nach meiner Kindheitstraumata bewusstwerden und konnte diese Blockaden mithilfe des ganzheitlichen Empfindens beseitigen.

Die früh entwickelte Vermeidungsstrategie, bloß keine Gefühle der Ablehnung, der Schuld oder der Wertlosigkeit zu fühlen, ist meiner Meinung nach der Hauptgrund, warum sich Co-Abhängige so scheinbar selbstlos verhalten und es selten wagen, Bedürfnisse oder Ansprüche in ihren Beziehungen geltend zu machen.

Diese Triebfeder unseres Handelns macht das Zusammenleben mit uns EKA nicht immer leicht, da wir oft in Begegnungen oder Auseinandersetzungen nicht einmal wissen, was wir möchten - geschweige denn uns darüber im Klaren sind, was wir empfinden.

An dieser Stelle möchte ich jedoch ausdrücklich erwähnen, dass dieses Muster, das Schuld, Angst und Ablehnungen zu vermeiden versucht, nicht auf alle unsere Beziehungen einwirkt. Wenn wir das Riesenglück haben, mit Menschen zusammenzuleben oder Beziehungen zu Menschen einzugehen, die gesund und klar sind im Denken und Fühlen, kann auch sehr viel Licht und Klarheit in uns entstehen. Denn diese Menschen lassen die Verantwortung für ihre jeweiligen Gefühle und Emotionen bei sich und suchen auch nicht die Schuld für ihre Gefühle bei anderen. Dies erlaubt uns wiederum unsere Persönlichkeit zu entwickeln; indem wir uns unseren eigenen

Gefühlen und Lebenskräften zuwenden können, ohne uns für die Gefühle und Emotionen der anderen schuldig zu fühlen.

DANKE für jede einzelne Erfahrung mit diesen Menschen! Diese Menschen sind leider eine sehr seltene Spezies in Alkoholiker-Familien, bedingt durch die Krankheit der Co-Abhängigkeit.

Das wichtigste Merkmal dieser Krankheit ist, die bereits erwähnte „Außenorientierung". Die längst erwachsenen Kinder neigen dazu, unangenehme Gefühle bedingt durch falsche Überzeugungen aus der Kindheit zu unterdrücken [beispielsweise: „Wenn ich nur lieb, brav und angepasst bin, wird alles wieder gut..."]. So sind die EKA allzu häufig auch nicht in der Lage, intuitiv oder zumindest selbstsicher zu handeln.

Diese fehlende Selbstsicherheit und die damit einhergehende Täuschung verunsichert nicht selten auch unser Gegenüber und fordert etliche Menschen unbewusst dazu heraus, uns die Schuld für ihren Mangel anzuhaften.

Da wir viel zu schnell in das alte Muster verfallen, uns für alles verantwortlich zu halten, laufen wir nicht nur Gefahr uns schuldig zu fühlen, sondern viel schlimmer noch: in einigen Fällen glaubt unser Familiensystem tatsächlich auch, dass wir der Grund für das Leiden sind. Denn wer gibt nicht gern die Verantwortung für sein Leid ab?

Dieser Zustand geistiger Verwirrung lässt uns häufig - vor allem bei innerfamiliären Konflikten mit „trockenen" oder co-abhängigen Familienmitgliedern - nicht klar denken, nicht klar fühlen und somit oft auch nicht angemessen reagieren. Viele EKA reagieren in Situationen, in denen sie sich angegriffen fühlen, entweder gar nicht oder aus einem Verteidigungsreflex heraus viel zu impulsiv, um ihre eigenen Gefühle wie z.B. Schuld oder Hilflosigkeit nicht spüren zu müssen.

Aus unserem eigenen Gefühl heraus authentisch und besonnen zu reagieren, wäre für unser Gegenüber ein wichtiges Signal, um

„Seines" [damit meine ich Gefühle, Emotionen oder Verantwortung] bei sich zu lassen und nicht an das erwachsene Kind eines Alkoholikers abzuschieben.

Da gerade bei Co-Abhängigen die Tendenz zum Hin- und Herschieben der unangenehmen Gefühle besteht, ist das auch der Grund, warum uns scheinbar schwierige Beziehungen mit diesen diffusen und absolut ungeliebten Gefühlen in Kontakt bringen. Wenn co-abhängige Familienmitglieder dazu neigen sich in impulsiven Verhaltensweisen festzurennen, ohne alternative Handlungen bedenken zu können, führt dieses vorschnelle Ausagieren dann häufig bei allen co-abhängigen Beteiligten zu Verwirrung und Kontrollverlust. Im hinteren Teil des Buches werde ich näher auf die Heilungs-Chancen eingehen, die in diesen sogenannten schwierigen Beziehungen verborgen liegen.

In Bezug auf die Ressource der Integrität möchte ich folgendes Bild anbieten: Auch auf steinigem Boden kann eine schöne und stabile Pflanze wachsen, wenn sie sich der vorhandenen Ressourcen bedienen kann. Wenn es uns EKA gelingt, uns in unserem Boden zu verwurzeln, indem wir unsere Herkunft/Eltern und ihr Verhalten nicht länger verleugnen, können wir bzw. unsere Seelen an den Herausforderungen wachsen.

DIE KRAFT DER INTEGRITÄT

Die Integrität ist die Brücke zwischen der materiellen und der pflanzlichen Ebene. Die Integrität gestattet den Fluss vom materiellen Selbst zum fühlenden Selbst. Die Integrität hebt alles Lebendige aus dem Boden, aus der Dunkelheit in Richtung Himmel, ins Licht empor. Diese Hingabe an eine höhere Kraft und an das Leben kann uns aufs Tiefste erfüllen.

Sie ist die Qualität, die uns eine Aufrichtung ermöglicht, wenn wir uns mit unserem Boden, unseren Ahnen, unserer Herkunft, unserer Existenz und mit unserem derzeitigen Seins-Zustand verbinden.

Wenn wir unsere Eltern, und was wir mit ihnen und durch sie erfahren haben, annehmen können, wird uns die Ressource der Integrität Halt vermitteln können.[16] Je besser sich die Pflanze im Boden verwurzelt, desto mehr Standhaftigkeit wird sie gegenüber Witterungsverhältnissen entwickeln.

Wenn es mit Hilfe der Integrität gelingt, uns der Wahrheit unserer eingesperrten Gefühle und Emotionen der Kindheit zu stellen und dieses ehemals verstoßene innere Kind wieder in uns wahrzunehmen, wird unser intuitives Handeln uns entsprechend besser dienen. Unsere Gedanken werden klar und unsere Verbindung zu unserem „göttlichen" höheren Selbst wird spürbar.

Die Qualität der Integrität verleiht uns Menschen die Fähigkeit, bei sich zu bleiben, sich nach dem Licht und sich selbst auszurichten. Sie verhilft uns aus uns selbst herauszufühlen.

Ich wurde in der Kindheit häufig nicht nur abgelehnt, sondern auch ausgelacht, wenn ich den Versuch unternahm für mich selbst einzustehen. Diese Erfahrungen der Demütigung und Einsamkeit brachten mich als Kind dazu, die unbewusste Entscheidung zu treffen, die damit verbundenen Gefühle nicht mehr spüren zu wollen. Ich verbot mir sozusagen selbst die Ressource der Integrität, um mich so vor dem Schmerz des gedemütigt und allein seins zu schützen. Ich hatte Angst vor meiner eigenen Stärke. Ich vermied Situationen, in denen ich zu mir stehen musste.

Meine Kraft, zu mir zu stehen, hatte ich in der Kindheit aufgegeben; die Bedürfnisse meiner alkoholkranken Eltern waren mir wichtiger. Diese Entscheidung war mir jahrzehntelang nicht bewusst und

---

[16] Etwas annehmen heißt nicht, es gut zu finden, sondern es bedeutet schlicht, es wahrzunehmen, im Sinne von: die Wahrheit nehmen.

beeinflusste mein Verhalten und meine Gefühle in dramatischer Weise bis in mein Erwachsenenleben hinein.

Die Kraft der Integrität ist also nicht in allen von uns präsent. Vielleicht weil ihr Samen noch nicht gekeimt hat? „Wie denn auch?" fragte ich mich in meinem Heilungsprozess. Wie soll ich meinen Boden - meine suchtkranken oder co-abhängigen Eltern - anerkennen und sogar umarmen? Indem ich ihnen zugestehe, ein guter Boden zu sein?

Wo mir doch gerade so sehr bewusst wurde, dass gerade sie es waren, die mir, ohne sich darüber im Klaren zu sein, mein Fühlen und damit den Kontakt zu meinem Inneren Selbst verboten hatten? Reicht es vielleicht, meine Eltern zu ehren und zu achten; dafür, dass sie mir mein Leben geschenkt haben? Und dass sie mich - so gut sie eben konnten - geliebt haben?

Steht es mir zu, sie zu verurteilen und zu verachten, für das, was sie getan haben? Kenne ich die ganze Geschichte? Weiß ich, was sie erlitten haben, um so zu werden, wie sie sind? Oder kenne ich nur einen Teil der Wahrheit? Fühlten sie sich vielleicht selbst zutiefst ungeliebt? Und wollten sie mir emotional näher sein, indem sie mir unbewusst dieses Gefühl, sich ungeliebt zu fühlen, vermittelten?

Wie oft schon bin ich mir bewusstgeworden, wie schwer es für mich ist, bei mir zu bleiben, aus mir heraus zu fühlen und zu handeln. Liegt es eventuell daran, dass ich als Kind nicht oder nur selten erfahren durfte, wie es sich anfühlt, wenn etwas für mich wahr und richtig ist?

Als Kind von Süchtigen wuchs ich in einer Welt voller Täuschungen und Verdrehungen auf. Wie alle Kinder in suchtkranken Familien konnte ich gar nicht mehr unterscheiden zwischen dem, was ich erlebte und dem, was ich erlebt haben „sollte". Ich ahnte, dass auch ich damals Geschichten oder Gefühle erfand, damit das Trinken und das Verhalten meiner Eltern gerechtfertigt und/oder verheimlicht werden konnte. Individuell oder im Familienverbund fand ich Lösungen: Fragte mich jemand nach meinem Befinden, war meine

Aussage: "Mir geht es prima!" eine aus der Kindheit bewährte Lüge. Auch als Erwachsene konnte ich lange noch nicht erkennen, dass ich mich damit selbst betrog. Mir wurde bewusst, dass ich mein Leben lang nicht nur meine Eltern mit dieser Art von Selbstbetrug zu schützen versuchte, sondern verzweifelt versuchte, mich selbst zu schützen.

Und zwar in erster Linie vor meinen, vom Unterbewusstsein ausgemachten schlimmsten Gefühlen; jenen Gefühlen, die damals in meiner Kindheit mit der Machtlosigkeit und dem Ausgeliefertsein einhergingen. Gefühle von Einsamkeit, nicht wichtig sein, abgelehnt sein, verlassen sein, verzweifelt sein, hilflos sein, unversorgt sein, ausgestoßen sein, wertlos sein, Scham...

Durch diesen Verlust der realen Existenz und das Verbot der Ausdrucksmöglichkeiten entwickeln Kinder von Süchtigen oft ein Übermaß an Verantwortung und empfinden die bereits beschriebenen tiefen Schuldgefühle für die Not ihrer Eltern. Diese völlig ungerechtfertigten Schuldgefühle gründen auf tiefsitzenden Glaubenssätzen, beispielsweise: „Ich bin falsch; wenn ich nur anders wäre, wären meine Eltern nicht überfordert und müssten nicht trinken."

DIE FLEXIBILITÄT

Als Symbol für die Flexibilität gilt die Schlange, die uns in der Schöpfungsgeschichte die Frucht der Erkenntnis anbot, aber dafür die Schuld bekam, dass Adam und Eva aus dem Paradies vertrieben wurden.

Im Lebenskräftemodell steht sie für die Verbindung von der vegetativen zur instinktiven Ebene. Sie eröffnet uns die Möglichkeit, vom funktionalen zum machtvollen Sein zu gelangen. Sie steht im Being-Human-Modell für Bewegung, für Veränderung und auch für den Ausdruck der Lebensfreude. Durch ihre Hilfe sind wir in der

Lage, unsere tierische/instinktive Ebene durch unsere Gefühle zu nähren.

Wenn uns das gelingt, können wir unserer Lebensfreude in Taten und Handlungen (der tierischen Ebene entsprechend) Ausdruck verleihen. Leider leiden viele EKA darunter, häufig keinen Zugang zu ihrem Gefühl zu haben.

Bei Verlust des Sicherheitsgefühls kann es vorkommen, dass sie gefühlsmäßig erstarren, denn ein regloser Körper ruft keine Aggressionen hervor. Sie fühlen sich wie von ihren Gefühlen abgeschnitten. Dieses Gefühlsverdrängungsmuster entsteht meist in frühester Kindheit.

Manche von uns waren in der Kindheit gezwungen sich die angeborene Ressource der Aggression zu verbieten, so dass sie sich in Gefahrensituationen des instinktiven biologischen Überlebensmusters bedienen mussten, nämlich dem „sich Totstellen".

DIE REFLEXION

Mit Hilfe der Reflexion können wir uns bei Auseinandersetzungen einen Überblick über die Situation und die eigenen Emotionen verschaffen. Diese Fähigkeit ist dem in einer Suchtfamilie aufgewachsenen Kind häufig nicht zugestanden worden und fällt dem inzwischen Erwachsenen sehr schwer.

Im Lebenskräftemodell erhebt uns die Ressource der Reflexion vom Tier zur menschlichen Ebene, welche uns ermöglicht, kausale Zusammenhänge und Vergleiche herzustellen. Wir können mit Hilfe von Informationen [materielle Ebene], unseren Gefühlen [vegetative Ebene], unserer Intuition [tierische Ebene] und Inspiration [Inneres oder Edles Selbst] unsere eigene Meinung bilden, anstatt sie zu kreieren, um anderen entsprechen zu wollen.

Bewusste oder unbewusste Versuche, diese dienenden Kräfte, die sich auch in Schmerzen oder unangenehmen Gefühlen zeigen können, zu beherrschen und zu kontrollieren, entspringen dem Glauben, für unser Schicksal selbst verantwortlich zu sein. Dabei können wir uns in der Aussage dieser Kräfte getragen sehen.

Die Fähigkeit zum rationalen, in die Vergangenheit und Zukunft gerichteten Denken, macht uns als Mensch aus. Das „sich in Frage stellen" kann Fluch und Segen zugleich sein. Oft ist es unser Zweifel, der uns das Leben schwer zu machen scheint. Er lässt uns die Welt in Frage stellen. Da jedoch den meisten Aha-Erlebnissen ein Problem vorausgeht, bringt es oft genau die erwünschte Erlösung mit sich. Auch in der Wissenschaft ist es das Nicht-Wissen, welches der Fragestellung, der Auseinandersetzung und letzten Endes auch der Lösung vorausgeht.

Im folgenden Beispiel zur Therapieresistenz möchte ich einige Dynamiken erläutern, in denen es sehr hilfreich ist, die Kraft der Reflexion als Ressource freizulegen, um zu heilen.

HEILUNG DURCH REFLEXION

Viele psychosomatische Symptome finden ihren Ursprung in Gedanken sowie in Informationen und Schwingungen, die uns zwar nicht bewusst sind, aber dennoch auf körperlicher Ebene gespeichert sind, viele Informationen werden sogar von Generation zu Generation weitergegeben. Sie beeinflussen ganz eindeutig unser limbisches System.

Die Medizin stößt allzu häufig an ihre Grenzen, weil sie in vielen Fällen Probleme und Symptome, die auf geistiger und energetischer Ursache beruhen, nur mit Medikamenten behandelt. Da Medikamente aber im Bereich des Körperlichen wirken, können sie bei energetisch bedingten Problemen nicht wirklich helfen.

Unsere Gefühle und Gedanken vermögen zwar unseren Körper zu formen; umgekehrt ist es jedoch viel komplizierter:

Wieso werden nicht alle gleich krank, die mit Krankheitserregern Kontakt haben? Dass Lebensumstände beim Erkranken eines Körpers eine Rolle spielen, ist inzwischen jedem klar – warum also nicht diese Lebensumstände behandeln? Oder zumindest die Bewertung dieser, mit anderen Worten: die Gedanken zu diesen Umständen?

Aber wie, werden sich einige jetzt fragen! Erfahrungen im Leben haben einen entscheidenden Einfluss auf die Bewertung einer Lebenssituation. Also auch auf die Produktion stressauslösender Hormone. Stress motiviert viele von uns und kann uns zu Höchstleistungen verhelfen. Dieser Effekt kann sich jedoch nur einstellen, wenn der aufkommende Stress mit Gefühlen und Gedanken einhergeht, die Situation bewältigen zu können.

Wenn jedoch in einer Stresssituation Gedanken der Verzweiflung oder Überforderung aufkommen, werden sich umgehend die uns so bekannten Machtlosigkeitsgefühle einstellen.

Genau genommen sind es die Gedanken, die unseren Körper im negativen sowie positiven Sinne beeinflussen. Und diese Gedankenmuster sind wiederum geprägt von den körperlichen, emotionalen und mentalen Erfahrungen, die wir im Leben gemacht haben.

BEISPIEL ZUR THERAPIERESISTENZ

Bedauerlicherweise ist es eine Tatsache, dass viele EKA verschiedenste Therapien von Ärzten, Therapeuten und Fachleuten in Anspruch nehmen; sich oft auch teure Privattherapien leisten – mit dem Ergebnis, dass diese Hilfen aus irgendwelchen Gründen nicht anschlagen.

Für jeden, der dies in seiner eigenen Heilungsgeschichte wahrnehmen konnte, möchte ich folgende Überlegungen anbieten: kann es sein, dass in der Kindheit jegliche Hilfsversuche von außen mit dem Gefühl einer „empfundenen Strafe" einhergingen?

Mir wurde langsam klar, dass ich, sobald ich in meiner Kindheit Hilfe in Anspruch genommen hatte, damit damals andere in Gefahr gebracht hatte oder sie zumindest mit unangenehmen Gefühlen, wie beispielsweise Ohnmacht, Schuld, Scham und Mitleid, vielleicht sogar mit Verachtung konfrontiert hatte.

Ich versuchte mich zu erinnern: Was passierte mit denen, die meine Eltern auf meine Bedürfnisse hinwiesen? Wurde der Kontakt abgebrochen? Habe ich nicht mehr hingedurft? Konnte ich deshalb keine Hilfe annehmen? Hätte ich so mein Glück, nämlich die Geborgenheit, die ich bei ihnen erlebte, selbst zerstört?

Um Hilfe bitten oder Hilfe anzunehmen: war das ein Tabu? Was passierte mit den Helfenden? Wurden sie aus meinem Leben verstoßen? Oder bestand sogar die Gefahr der Nestzerstörung? Gab es eine Bedrohung durch das Jugendamt? Geht vielleicht mit dem Gefühl der Hilflosigkeit immer noch die in der Kindheit als unerträglich empfundene Verlustangst einher? Gilt es deshalb immer noch, das Gefühl der Hilflosigkeit im Vorhinein zu verhindern?

Steckte in meinem Unterbewusstsein jahrelang ein sogenanntes Stressvermeidungsmuster, um bloß nie wieder dieser Verlustangst ausgesetzt zu sein? Welchen Einfluss hatte diese Dynamik auf meine unzähligen Therapieversuche? Kann es sein, dass mein Unterbewusstsein sich wehrte, Hilfe anzunehmen, aus Angst, dass dann auch das bisschen Glück aus meinem Leben verschwinden könnte?

Oder ist es diese uralte Angst vor diesem schrecklichen Gefühl des tiefen Bereuens, das mir aus der Kindheit bekannt ist? Besonders dann, wenn ich Hilfe oder Zuwendung annahm? Nur vage kann ich mich daran erinnern, wie ich mich fühlte, wenn mein Vater in betrunkenem Zustand meine wichtigsten Bezugspersonen diskreditierte. Waren das die Momente, in denen ich meinen Körper gefühlsmäßig verließ, um diesen Schmerz nicht fühlen zu müssen? Um mich und meine Empfindungen nicht falsch finden zu müssen?

Reagierte vielleicht sogar die gesamte Familie mit diesem Misstrauen auf die Hilfe von außen? Reagierten meine Geschwister deshalb so ablehnend, als ich ihnen von den Al-Anon-Einrichtungen und den mir helfenden Selbsthilfegruppen berichtete? War die Angst sich zu zeigen oder gesehen zu werden immer noch so mächtig? Fiel es ihnen deshalb so schwer den Alkoholismus als Familienkrankheit anzuerkennen?

Mit meiner neuen Weitsicht konnten meine Ängste und Emotionen ihre Bedrohung verlieren und von mir verständnisvoll angenommen werden. Außerdem löste sich durch diesen Erkenntnisprozess langsam das in meiner Kindheit entwickelte Verlustangst-Vermeidungsmuster.

Wenn es uns Menschen mit Hilfe der Reflexion möglich ist, ein großes Bild vom Ganzen zu erhalten, können wir unsere wahren Gefühle wertfreier annehmen. Wir können sie gegebenenfalls in die Vergangenheit einbinden und so die aktuelle Stresssituation neu bewerten. Und zwar mit Gedanken des Bewältigungsglaubens, die dann nicht mehr mit Überforderungs- oder Machtlosigkeitsgefühlen einhergehen müssen.

Um die Ressource der Reflexion nutzen zu können, dürfen wir lernen eine Pause zwischen Reiz und Reaktion machen zu können. Beim Erlernen von gesünderen Verhaltensweisen/ Mustern, hat mir vor allem die Qualität der Hingabe sehr geholfen.

DIE QUALITÄT DER HINGABE

Die Hingabe ist jene Qualität, die uns die Verbindung zwischen unserem Verstand und der Ebene unseres spirituellen Selbst ermöglicht.

Die menschliche Ebene befähigt uns in schwierigen Lebenssituationen, bewusst die Grenzen des Verstandes zu erkennen und

Verantwortung von dieser Ebene abzugeben, indem wir uns der Ressource Hingabe bedienen.

Einfach, indem wir eine Weile inne halten und schauen, was das Leben mit unserem Inneren macht. Mit dieser Art von Gewahrsein geben wir uns bewusst etwas Größerem hin und verbinden uns mit unserem Inneren Selbst.

So ist es die Qualität der Hingabe, die es uns ermöglicht, dass wir uns in Bezug auf unsere Probleme nicht nur auf diese einlassen, sondern uns auch gleichzeitig leiten lassen.

Im nächsten Teil über das 12-Schritte-Programm werde ich noch genauer darauf eingehen.

DIE EIGENE SPIRITUALITÄT

Unser Inneres Selbst ist die höchste Lebenskraft im Lebenskräftemodell; sie steht uns über unseren Verstand hinaus zur Verfügung.

Wenn es mit Hilfe der eigenen Spiritualität gelingt, uns auf unser Inneres Selbst einzulassen, erleben wir uns nicht mehr getrennt von der Welt, sondern können uns von der universellen Schöpfungskraft getragen fühlen. Nämlich indem wir uns öffnen für das, was kommen mag.

Es ist die Kraft, die uns ganz bewusst Verantwortung und Kontrolle abgeben lässt. Dies fällt EKA sehr schwer, denn ihr überhöhtes Kontrollbedürfnis und die damit einhergehende „Außenorientierung" führt sie zum beinahe ständigen Gefühl etwas tun zu müssen. Daraus wiederum resultieren scheinbar ursprungslose Anspannungs- und Überforderungsgefühle. Die Gabe des Vertrauens in eine größere Macht als uns selbst - das Leben - ist vielen EKA nicht gegeben. Stattdessen schlittern sie immer wieder in ein Gefühl der Hoffnungslosigkeit.

Unsere Erfahrungen mit Verzweiflung und Unverständnis dem Leben gegenüber, die dem Tier noch nicht, dem Menschen jedoch möglich sind, erlauben jedoch eines: wir können uns über den Weg der Hingabe und dem Urvertrauen einer höheren Macht anvertrauen. Und somit den Zugang zur eigenen Spiritualität verwirklichen.

Leider fällt genau dies den meisten EKA sehr schwer. Zu oft haben sie schon das Gefühl erleben müssen, von sich und der Welt getrennt zu sein.

Die essenzielle Qualität, die uns dazu verhilft, von der höheren Schöpferkraft inspiriert und geführt zu werden, ist vor allem der Wert. Diese Qualität verhilft uns zu unserer eigenen Wertschätzung. Und sie verhilft uns zur Wertschätzung der Menschen, Dinge und Kräfte in unserem Lebenskreis, ohne dass wir oder sie etwas Bestimmtes leisten, darstellen, bewirken oder sein müssen.

Mit Hilfe dieser Wertschätzung können wir die bedingungslose Liebe erfahren - und endlich aufhören, uns allein und getrennt von den anderen zu erleben.

HINSCHAUEN

Meine Darstellung und Auflistung der konditionierten und selbst erlernten, schädigenden Verhaltensmuster der EKA mag auf den ersten Blick harte, schwer zu verdauende Kost sein. Aber dies ist nur dann der Fall, wenn wir wieder in die Be- und Verurteilung gehen, anstatt diese Kräfte wahrzunehmen und sein zu lassen. Wenn es uns gelingt, uns diesen herausfordernden Lebenskräften [denen wir bisher vielleicht ausweichen oder sie um jeden Preis verändern wollten] ohne Bewertung hinzugeben, dann können wir unsere Höhere Macht bitten, diese Mängel von uns zu nehmen.

Da ist zum Beispiel die Unsicherheit, die wir in unserem Erwachsenenleben häufig spüren, wenn wir unsere Gefühle wahrzunehmen versuchen. Wir dürfen sie bewusst wahrnehmen. In unserer Kindheit wirkte diese Unsicherheit als eine dienende Kraft. Wir wurden dann vorsichtig und entwickelten Schutzstrategien.

Auf Dauer jedoch, insbesondere wenn keine Gefahr mehr besteht, kann diese ewig angespannte Haltung zu Symptomen führen. Diese Symptome verhelfen uns, wenn wir wiederum bereit sind uns ihrer anzunehmen, in weiterer Folge dazu, zu anderen Qualitäten zu greifen, die uns entsprechend dienen können. Beispielsweise können wir uns mit Hilfe der Reflexion bewusstwerden, dass keine Gefahr mehr besteht. Mit diesem Entwicklungsschritt kann sich in weiterer Folge ein Gefühl des Vertrauens einstellen.

Die Menschen, die an ihren Problemen reifen und sich auf den eigenen Entwicklungsprozess einlassen wollen, erkennen die Probleme als Aufforderung an, sich mit ihrem Inneren Selbst und somit mit ihrer inneren Kraft zu verbinden. Sie nehmen die dienenden Kräfte wahr und legen allein dadurch, dass sie ohne zu werten mit ihnen in Kontakt gehen, ihr enormes ungenutztes Potenzial frei. Und das einfach, indem sie den Menschen und den Ereignissen, welche diese Kräfte in ihnen auslösen, eine Wertschätzung entgegenbringen. Mit dem Vertrauen, dass unsere Probleme einem Aha! vorausgehen und wir eine Art Erwachen erfahren dürfen.

Ich möchte hier an dieser Stelle erwähnen, dass es für mich persönlich auch eine riesige Herausforderung war, mich auf diesen Weg zu meinem Inneren Selbst zu begeben. Dieser Weg vermag uns aus der Schwere des Lebens, dem Widerstand, in den Zustand der Leichtigkeit führen. Ich möchte alle EKA von Herzen dazu ermutigen, diesen Weg zu sich selbst zu gehen.

Da endlich Licht auf die Schattenseiten fallen darf, empfinden zahllose Menschen die ontologische Haltung als Weg aus der Dunkelheit zum Licht. Einfach, indem sie sich endlich selbst als Seiende akzeptieren, von Augenblick zu Augenblick und immer zugleich in Beziehung zur Welt als auch zu sich selbst.

Eine hilfreiche Frage, um sich im Leben immer wieder in die Haltung der Akzeptanz einzuladen, ist die schlichte Frage: „Was macht das mit mir? ... mit meinem Körper, ... mit meinem Gefühl, ... mit meinen Gedanken?"

TEIL 2

Ich glaube, dass alle krankmachenden Verhaltensweisen Co-Abhängiger auf der Tatsache gründen, dass sie bereits in der Kindheit den Zugang zu ihrem eigenen Selbst verloren haben. Zahlreiche von uns mussten dieses Selbst so früh verleugnen, dass sie es ganz langsam wiederentdecken müssen. Und bei einigen ist es so tief unter Zweifeln und Ängsten verschüttet, dass sie kaum Zugang zu ihren dienenden Lebenskräften haben.

Ich kann erahnen, dass unzählige von uns eine berechtigte Angst davor haben, dass die so erfolgreich verdrängten, schrecklichen Erlebnisse der Kindheit an die Oberfläche gedrängt werden. An dieser Stelle kann ich beruhigen. Denn mit Hilfe unserer Lebenskräfte sind wir in der Lage, wirklich nur mit dem zu sein was da ist. Und zwar in dem jeweiligen Moment. Jeder wird sein ganz eigenes Tempo finden, um diesen Weg zum eigenen Selbst zu gehen.

Dein eigenes Selbst, das ist was du bist, fühlst, machst und denkst. Und zwar JETZT. Nichts anderes gilt es anzunehmen.

So manchen EKA ist die Sicht auf das eigene Selbst verbaut. Sie verfallen beim Annehmen ihrer Lebenskräfte in ihr altes Kontrollschema. Im Folgenden werde ich das 12-Schritte-Programm der Al-Anon erläutern. Es wird dir helfen, dich auf deine dir dienenden Lebenskräfte zu stützen.

DAS 12-SCHRITTE-PROGRAMM

Dieses Programm war ursprünglich das spirituelle Abstinenz-Unterstützungsprogramm der Anonymen Alkoholiker (AA)[17]. In den 1930er Jahren wurde es von (den Alkoholikern) William Griffith Wilson und Robert Holbrook Smith unter dem Titel „Alcoholics Anonymous" zu Papier gebracht.[18] Die gelebte Genesung durch „spirituelles Erwachen" wurde in Form von 12 Schritten an noch leidende Alkoholiker weitergegeben.

Die nahen Angehörigen der AA erkannten in der Folge, dass oft nach dem Genesungsprozess des Alkoholikers weiterhin Schwierigkeiten in ihren Beziehungen bestanden. Ihnen wurde klar, dass sie ebenfalls krank waren; sie sich aber auch selbst und anderen Angehörigen in Gruppentreffen helfen konnten.

So entstand weltweit die Gemeinschaft „Al-Anon", die mit dem 12-Schritte-Programm arbeitet (1951 in den USA und seit 1964 im deutschsprachigen Raum). Den Mitgliedern in den Al-Anon Familiengruppen wird empfohlen, auf freiwilliger Basis die zwölf Schritte durchzuarbeiten; eine Bedingung für die Teilnahme an den Treffen besteht aber nicht.

Laut der WHO gibt es inzwischen eine Vielzahl von Selbsthilfegruppen zu anderen Problemen, die auf einer sinngemäßen Version derselben Schritte aufgebaut sind.

Der sinngemäße Einsatz der 12 Schritte wird damit begründet, dass er „dem Einzelnen" hilft, „unveränderliche Dinge hinzunehmen und sie von den Dingen zu unterscheiden, die veränderbar sind."

---

[17] www.anonyme-alkoholiker.de
[18] Die deutsche Übersetzung des Werks heißt „Blaues Buch" (anonyme-alkoholiker.de)

Meiner Meinung nach ergänzen sich das 12-Schritte-Programm und das Being-Human-Modell wunderbar, um Angehörigen von Suchtkranken eine hilfreiche Unterstützung zu bieten, die Balance zwischen Bedürftigkeit und Selbstverantwortung auszutarieren, um den eigenen Weg der Heilung mutig zu beschreiten.

Die 12 Schritte und die ontologische Haltung unterstützten mich dabei, meinen Kontrollzwang liebevoll wahrnehmen zu können. So lernte ich in Problemsituationen nicht nur meine eigenen Grenzen und die meines Verstandes kennen, sondern ich lernte gleichzeitig, mich dem Leben und einer höheren Kraft anzuvertrauen.

Es war vor allem die Qualität der Hingabe, die mir ermöglichte, dass ich mich von meinen Schmerzen und Problemen nicht länger beherrschen ließ. Sie verhalf mir dazu, mich in Bezug auf meine Probleme einzulassen und mich gleichzeitig von ihnen leiten zu lassen.

In den ersten drei Schritten werden wir EKA zum einen auf unsere eigene Machtlosigkeit und zum anderen auf unser verlorengegangenes Vertrauen in eine „Höhere Macht" hingewiesen. Die Schritte vier bis elf verhelfen uns dazu, uns der Ressource der Hingabe bewusst zu werden, um uns bewusst etwas Größerem hinzugeben.

Die intensive Beschäftigung mit diesen Schritten trägt wesentlich zum Fortschritt im Al-Anon Programm bei. Die Prinzipien, die sie verkörpern, sind universell: jedermann kann sie anwenden, gleichgültig, welches Glaubensbekenntnis er hat.

Die Al-Anon-Mitglieder bemühen sich um immer tieferes Verständnis dieser Schritte und beten um die Weisheit, sie in ihrem Leben anwenden zu können.

Meinen Leser/innen darf dieses *12-Schritte-Programm*[19] und die anthrazit gedruckten Ergänzungen von mir, eine Hilfestellung bieten, ihre eigene individuelle Spiritualität zu entdecken.

---

[19] 12 Schritte der Al-Anon Website, www.al-anon.de.

1. *Wir haben zugegeben, dass wir dem Alkohol* und unseren Gefühlen (Schmerzen, Ängsten, Gefühlen schuldig oder falsch zu sein, …) und den Gefühlen anderer *gegenüber machtlos sind und unser Leben nicht mehr meistern konnten.*

2. *Wir kamen zu dem Glauben, dass eine Macht, größer als wir selbst, uns unsere geistige Gesundheit wiedergeben kann.*

3. *Wir fassten den Entschluss, unseren Willen und unser Leben der Sorge Gottes, wie wir Ihn verstanden, anzuvertrauen.* Ich lasse mich auf den Lebensfluss ein, indem ich darauf vertraue, dass meine Höhere Macht mich wissen lässt, welche Veränderungen in meinem Leben anstehen, um ein Leben in Leichtigkeit und Freude zu leben.

4. *Wir machten eine gründliche und furchtlose moralische Inventur von uns selbst.* Ich bin bereit, all meine mir dienenden Kräfte (Schmerzen, Gefühle, Wünsche, Bedürfnisse, Gedanken) anzunehmen, ohne sie zu verurteilen oder mir eine Rechtfertigung dazu auszudenken. In diesem Schritt ist es hilfreich, die körperliche Ebene, die vegetative Gefühlsebene, die tierische Ebene und die Verstandesebene einzeln wahrzunehmen, denn oft sind die Gefühle sowie die Emotionen von Gedanken überlagert.

5. *Wir gestanden Gott, uns selbst und einem anderen Menschen die genaue Art unserer Verfehlungen ein.* Mit Hilfe der Hingabe gebe ich meiner Höheren Macht, wie ich sie verstehe, und mir selbst gegenüber, meine vermeintlichen Fehler uneingeschränkt zu. Dieser Schritt lässt uns demütig alles annehmen, was auftaucht; auch Wut, Hass, Zorn, Neid, Missgunst und andere, von uns Menschen als schlecht bewerteten Gefühle.

6. *Wir wurden vorbehaltlos bereit, unsere Charakterfehler von Gott beseitigen zu lassen.* Ich bin bereit, meine dahinterliegenden Sehnsüchte zu fühlen.

7. *Demütig baten wir Ihn, uns von unseren Mängeln zu befreien.* Demütig bitte ich meine Höhere Macht, meine Mängel zu füllen. Dies betrifft die Bereitschaft, mein Kontrollbedürfnis in Demut loszulassen und mich vom Leben führen zu lassen. Meinem Problem, unter dem ich in meinem aktuellen Leben leide, gebe ich mich in Demut hin. Ich öffne mich gleich einem Gefäß, für alles was ist, um Einsichten oder Lösungen zu empfangen.

8. *Wir machten eine Liste aller Personen, denen wir Unrecht zugefügt hatten, und nahmen uns vor, es an ihnen allen wieder gut zu machen.* Höhere Macht, öffne mein Herz für deine Gnade, dass ich mir selbst vollständig alle Verleugnungen vergeben kann. Ich bin mir bewusst, dass das Leben ein ständiger Entwicklungsprozess ist. Ich bin richtig.

9. *Wo immer möglich, bemühten wir uns aufrichtig um direkte Wiedergutmachung an ihnen, ausgenommen, es würde ihnen oder anderen Schaden daraus entstehen.* Ich achte meinen Vater und meine Mutter dafür, dass sie mir das Leben geschenkt haben. Und öffne mein Herz für die Gnade, ihnen vollständig vergeben zu können. Und nehme von nun an die Verantwortung für mein Glück an. Dieser Schritt hilft uns, unseren Boden anzunehmen, um uns in ihm verwurzeln zu können. Um einerseits Integrität erfahren zu können und andererseits die Ressourcen, die unsere Ahnen vielleicht bisher noch nicht nutzen konnten, zu entdecken und zu leben.

10. *Wir fuhren fort, persönliche Inventur zu machen, und wenn wir Unrecht hatten, gaben wir es sofort zu.* Ich setze die „innere Inventur" fort und bin mir bewusst, dass das Außen den Mangel in mir spiegelt. Ich schenke meinen Gefühlen liebevolle Anerkennung, indem ich erkenne, dass ich von meiner Höheren Macht geführt bin.

11. *Durch Gebet und Meditation suchten wir unseren bewussten Kontakt zu Gott, wie wir Ihn verstanden, zu verbessern. Wir baten Ihn nur, uns seinen Willen für uns wissen zu lassen und uns die Kraft zu geben, den auszuführen.* Mit Leichtigkeit gelingt es mir Frieden zu schließen mit dem, was gerade ist. Ich warte auf die Erkenntnis [Kraft der Reflexion], den Willen meiner Höheren Macht zu empfangen [Qualität der Hingabe] und vertraue auf die Kraft, diesen umzusetzen.

12. *Nachdem wir durch diese Schritte ein inneres Erwachen erlebt hatten, versuchten wir diese Botschaft an andere weiterzugeben und uns in allen unseren Angelegenheiten nach diesen Grundsätzen zu richten.*

In den folgenden Kapiteln werde ich näher auf die Ressourcen des 12-Schritte-Progammes eingehen. Ich erläutere die Zusammenhänge, in denen wir uns in neuen Lebenssituationen auf unsere dienenden Lebenskräfte stützen können. In den jeweiligen Abschnitten gebe ich Hinweise auf die Schritte des Programms, die bei der Umsetzung hilfreich sein können.

DIE SELBSTHEILUNGSKRÄFTE

Ärzte sind nicht selten ratlos, wenn bei chronischen Schmerzen die Therapien nicht anschlagen. Was tun, wenn der Schmerz zwar kurzfristig ruht, sich aber nach wenigen Wochen wieder zurückmeldet?

Hinter chronischen Schmerzen verbergen sich oft Ängste und Hinweise für das „Unaussprechliche" und „Unfühlbare" der eigenen Biografie. Für viele EKA bleibt der Körperschmerz die einzig erzählbare Geschichte. Bei vielen verbirgt sich hinter den Schmerzen eine lange, oftmals ins Unterbewusstsein verdrängte Geschichte von Leid und Entbehrungen. Diese Schmerzen sprechen häufig eine Sprache die schwer zu entschlüsseln ist.

Damit das Leiden für viele nicht die einzige erzählbare Sprache bleibt, bietet die ontologische Haltung Hoffnung für jeden chronischen Schmerzpatienten, denn diese Haltung ermöglicht es, dem eigenen Körper „zuzuhören", um seine ihm innewohnende Heilkraft zu entfalten. Denn Heilung zu erfahren bedeutet: die Befreiung der Information, die in den Beschwerden und Krankheiten verborgen liegt. Wenn wir in der Lage sind, schwierige Körpersensationen bewusst zu erleben, dann werden sie sich wahrscheinlich zunächst verschlimmern, dann jedoch verbessern, denn dies entspricht dem alles zu Grunde liegenden Lebensrhythmus.

Im 12-Schritte-Programm helfen uns die ersten vier Schritte diese Informationen zu befreien. Wie viele EKA fand auch ich die ersten drei Schritte gleichermaßen erlösend wie herausfordernd.

1. Schritt: Ich gebe zu, meinen Gefühlen (Schmerzen, Ängsten, Gefühlen schuldig oder falsch zu sein, …) und den Gefühlen anderer, gegenüber machtlos zu sein.

2. Schritt: Ich glaube daran, dass meine höhere Macht mir meine geistige Gesundheit wiedergeben kann.

3. Schritt: Ich fasse den Entschluss meinen Willen und mein Leben der Sorge meiner höheren Macht anzuvertrauen. Ich lasse mich auf den Lebensfluss ein, indem ich darauf vertraue, dass meine Höhere Macht mich wissen lässt, welche Veränderungen in meinem Leben anstehen, um ein Leben in Leichtigkeit und Freude zu leben.

Nach jahrelangem Zweifeln und Hadern mit den ersten drei Schritten, habe ich eines Tages die Erfahrung machen dürfen, wie befreiend es für mich war, erstens endlich zugeben zu dürfen machtlos zu sein; – zweitens darauf zu vertrauen, dass jemand anders mir meine Gesundheit wiedergeben kann; und drittens, dass ich dem Lebensfluss vertrauen darf.

Für mich persönlich war es der Schlüssel um mich endlich selbst als etwas Seiendes zu akzeptieren und um endlich einfach sein zu dürfen und nicht mehr tun beziehungsweise wirken zu müssen. So gelang mir endlich der 4. Schritt, in dem ich mich traute, mich mir selbst zuzuwenden und mich zu fragen: „Was tut das mit/in mir?"

4. Schritt: Ich mache eine gründliche moralische Inventur meiner selbst. Ich bin bereit, all meine mir dienenden Kräfte (Schmerzen, Gefühle, Wünsche, Bedürfnisse, Gedanken) anzunehmen, ohne sie zu verurteilen oder mir eine Rechtfertigung dazu auszudenken.

DAS ANNEHMEN DER EIGENEN GEFÜHLE

Eins der größten Hindernisse, um zu seinem eigenen Selbst zu finden, stellt meiner Meinung nach - neben dem fehlenden Vertrauen in den Lebensfluss - die Außenorientierung dar. Deshalb möchte ich an dieser Stelle noch einmal die wichtigsten Charakteristika von Co-Abhängigen wiederholen:[20]

---

[20] Vgl. Timmen L. Cermak, *A Primer on Adult Children of Alcoholics*, (op.cit FN 13).

1. Co-abhängige Menschen verbergen oder ändern sogar ihre Identität und ihre Gefühle, um anderen zu gefallen und um ihnen nahe zu sein.
2. Das Verantwortungsbewusstsein für die Bedürfnisse anderer Menschen steht bei Co-Abhängigen an erster Stelle, selbst wenn dies auf Kosten der eigenen Bedürfnisse geht.
3. Schwaches Selbstwertgefühl und geringes Gespür für das eigene Selbst ist den meisten Co-Abhängigen zu Eigen.
4. Zwänge und Süchte treiben Co-Abhängige an und hindern sie daran, sich mit ihren tieferen Gefühlen auseinanderzusetzen.
5. Genau wie Alkoholiker und andere Menschen mit Suchtstrukturen verstecken sich Co-Abhängige hinter Verleugnungen und haben ein verzerrtes Verhältnis zur Willenskraft.

Diese Eigenschaften sind auch noch bei den EKA, die gar nicht mehr mit Suchtkranken zusammenleben, sehr verbreitet. Mit den nachfolgenden Beispielen möchte ich dir helfen, eine Idee davon zu bekommen, wie leise deine Lebenskräfte sich dir offenbaren können. Ich glaube, dass EKA nur dann ein Verständnis für ihr eigenes Selbst entwickeln können, wenn sie einen Blick auf die Verletzungen und Verluste der eigenen Kindheit wagen; um sich dem Verrat an sich selbst stellen zu können.

Vertraue darauf, dass du immer mehr zu deinen Lebenskräften zurückfindest, damit sie dir und deiner Lebensfreude dienen können. Wenn du in der Lage bist, bedrückende Gefühle und Emotionen bewusst zu erleben, fühlen sie sich zunächst stärker an, werden sich dann jedoch beruhigen, denn das entspricht dem Basis-Rhythmus unseres Organismus.

Für EKA ist das Annehmen der eigenen Gefühle keine leichte Sache. Wenn es uns dennoch gelingt, sehen wir uns möglicherweise mit der Tatsache konfrontiert, dass unser eingeschworenes co-abhängiges Familiensystem auf diese neue Herangehensweise mit Unverständnis reagiert: Was geschieht, wenn die anderen merken, dass man jetzt bei sich bleibt, nach sich selbst schaut und nicht mehr für die anderen mitdenkt und mitfühlt? Wo wir doch sonst so viel Energie opferten, um die anderen zu schützen, zu schonen, zu verteidigen oder sie sogar vor ihren eigenen Gefühlen bewahrten, oft durch Unehrlichkeit, wie die Verleugnung der eigenen Scham- oder Demütigungsgefühle, und begleitet von der inneren Überzeugung: "Ach, das ist nicht so schlimm; macht ja nichts, wenn ich mich aufopfere, die Bedürfnisse der anderen sind wichtiger."

Was passiert, wenn wir plötzlich zu unserem Gefühl der Ohnmacht, der Hilflosigkeit, der Angst falsch zu sein, stehen und nicht mehr zur gewohnten Tagesordnung übergehen, in der wir unsere Gefühle verleugnen?

Ich persönlich löste hier manches Mal einen kleinen Tsunami aus. Teilweise reagierte das co-abhängige Familiensystem dann mit den alten und verletzenden Mustern aus der Kindheit. Am allerhärtesten erschien mir meine eigene Angst vor Liebesentzug; sicher auch ein gespeichertes Gefühl aus meiner Kindheit mit alkoholabhängigen Eltern.

Da meine Herkunftsfamilie anfangs mit den neuen und viel gesünderen Reaktionen noch nicht umgehen konnte, reagierten sie zunächst mit Ablehnung. Ein verzweifelter Versuch, am alten Muster festhalten zu wollen. Schließlich war ich - oberflächlich betrachtet - für meine Geschwister und meine Mutter mit den angepassten Gefühlen leichter zu nehmen.

Mir wurde klar, dass ich 4 Jahrzehnte lang versucht hatte, Verlustängste mit Hilfe der oben angeführten Stressvermeidungsmuster[21] zu verhindern. Jetzt, in meinem bewussten, erwachsenen Leben, durfte ich mich endlich ihrer annehmen, um die von mir selbst

---

[21] Siehe Teil 1: Schutzmechanismen des Unterbewusstseins Seite 27.

entwickelten ungesunden Stressvermeidungsmuster meiner gestörten Kindheit auflösen zu können. Endlich gab ich meinem Körper die Möglichkeit sich von diesen eingefrorenen Energien zu befreien.

Ich möchte an dieser Stelle jeden dazu ermutigen, unbedingt zu sich und den eigenen wahren Gefühlen zu stehen, um die eminent wichtige persönliche Weiterentwicklung zuzulassen. Nur so können sich auch alle anderen im familiären System entwickeln und in weiterer Folge Heilung in Bezug auf ihre Co-Abhängigkeit erfahren (vgl. Schritt 10/11).

DIE RÜCKSICHTNAHME

Es ist eine wirklich schwierige Angelegenheit für EKA, Rücksichtnahme für sich selbst in Anspruch zu nehmen. Die meisten Kinder haben das Trink- bzw. Aggressivitätsverhalten auf sich und ihr eigenes Verhalten zurückgeführt. Die Einschätzung dieser Schuldfrage war für das Kind selbstverständlich nicht realistisch einschätzbar, wurde von ihm aber trotzdem vorgenommen und führte in den meisten Fällen zur Selbstverurteilung und Selbstverleugnung.

Und in vielen Fällen wurde auch vom Umfeld nur unzureichend auf die Bedürfnisse der Kinder eingegangen. Süchtige und Co-Abhängige reagierten oftmals mit dem Gefühl der Überforderung auf die Bedürfnisse ihrer Kinder, Scham- oder Angstgefühle zu respektieren. Respekt und Rücksichtnahme waren nicht existent.

EKA sind darauf konditioniert worden, Rücksichtnahme gar nicht erst einzufordern oder – im günstigsten Falle – vorsichtig darum zu bitten, ohne sich jedoch weitere Hoffnungen zu machen.

„Bin ich es wert, dass man Rücksicht auf mich nimmt?" Mit diesem unbewussten Verhaltensmuster, des mich selbst und meinen Wert in Frage stellen, gab ich häufig der mir gegenüberstehenden

Person unbewusst zu verstehen, dass sie sich ruhig um sich selbst oder um andere kümmern kann; ich bin nicht wichtig.

In einem Körperrhythmus-Seminar, in dem die Trainerinnen statt mit einer Vorstellungsrunde mit einer schwierigen Gruppenübung begannen, hörte ich mich sagen: „Im Zweifel bin ich schuld." Es sollte ein Spaß sein, dennoch wurde mir im Rahmen dieses Seminars bewusst, dass sich dahinter ein wirklich tiefer Glaubenssatz verbarg, mit dem ich mich der Gruppe praktisch vorstellte, denn es waren meine ersten Worte in diesem Seminar.

Heute weiß ich, dass ich mir dieser Dynamik ehrlich bewusstwerden darf und muss, damit ich immer besser zu meinem eigenen Wert stehen kann, um in der Folge für meine Bedürfnisse einstehen zu können.

QUARTALSTRINKER

In Suchtfamilien, in denen der Alkohol nicht regelmäßig konsumiert wurde, wie bei den sogenannten Quartalstrinkern, waren die Kinder einem in vielerlei Hinsicht unberechenbaren Terror ausgesetzt. In unregelmäßigen Abständen brach in verschiedensten Formen der Ausnahmezustand über die gesamte Familie ein.

Von jetzt auf gleich wurden Werte und Regeln, die vorher noch in der Familie wichtig waren, unwichtig und oftmals von trinkenden Eltern als falsch und gefährlich deklariert.

Die gesamte Familie musste sich in solchen Zeiten in äußerste Alarmbereitschaft versetzen, um das Trinken und die emotionalen Ausbrüche des Trinkenden (Zorn-, Heul-, oder Gewaltausbrüche) unter gar keinen Umständen auszulösen.

Viele Kinder haben auf Grund dieser chaotischen und gefährlichen Lebenssituationen ihre natürlichen Instinkte und

Verhaltensweisen förmlich auf Knopfdruck abstellen können. Sie haben sich emotional vielleicht sogar „totgestellt", um:

- keine eigenen Bedürfnisse mehr wahrzunehmen (Hunger, Schutzbedürfnis, Trostbedürfnis, Mitgefühl, ...);
- nicht die eigene Hilflosigkeit und die damit einhergehende, oben beschriebene Machtlosigkeit erleben zu müssen;
- keinen Anlass zu einer Reaktion, von welchem Familienmitglied auch immer, zu geben; denn solche Reaktionen hätten einen negativen Einfluss auf das herrschende Drama und in weiterer Folge das oft als unerträglich empfundene Schuldgefühl hervorrufen können. So wurde zum Beispiel alles Mögliche getan, damit der alkoholisierte Elternteil seinen Rausch ausschlafen konnte.

Kinder neigen allgemein dazu, sich für das Leid ihrer Eltern verantwortlich zu fühlen. Weil dieses Schuldgefühl sich sehr bedrohlich anfühlt, versucht ihr Unterbewusstsein von klein auf an, dieses unerträgliche Gefühl nicht zu fühlen, sondern zu unterdrücken. Manche Kinder versuchen in ihrer Verzweiflung sogar das Schuldgefühl auf andere Geschwister „abzuschieben".

Dieser „Kampf" um das Gefühl der Unschuld, der bereits in der Kindheit begonnen hat, wird oft von den längst erwachsenen Kindern weitergeführt. Scheinbar geht es um ganz andere Dinge, als um die Sucht-Vergangenheit, wenn sich die co-abhängigen Geschwister und Familienmitglieder streiten.

In der Regel ist das gesamte Familiensystem von einem Grundmuster geprägt, das in der Kindheit lebensnotwendig erschien: Um dem Gefühl der Scham zu entgehen, beschuldigen sie sich selbst und leiden dann in weiterer Folge unter dem inneren Bedürfnis, die Schuld abgeben zu können.

In einigen suchtkranken Familien bleibt dieses Schuldthema ein Leben lang erhalten und die längst erwachsenen Kinder kämpfen immer noch unbewusst um die Vermeidung dieses Gefühls. Dieses Vermeidungsgrundmuster kann sich über Generationen übertragen; Großeltern und die Kinder der EKA führen teilweise unbewusst eine Art inneren Krieg gegen das Gefühl der Schuld. Zu häufig wird dieses Problem von den Einzelnen noch nicht einmal kognitiv erfasst. Diese Schatten der Familiengeschichte wurden oft schon über Generationen hinweg ins Dunkle verbannt.

Im Zuge einer ausführlichen Psychotherapie kann Licht in diese versteckten Dynamiken gebracht werden. Als sehr förderlich gilt, wenn unter erwachsenen Geschwistern offen über die Verletzungen, Verleugnungen und Schuldzuweisungen gesprochen und vor allem auch geklagt werden kann.

Das gemeinsame Anerkennen des miteinander geteilten Leides und das offene Betrauern der vielen Verletzungen und Entbehrungen können den Betroffenen helfen, aus den gegenseitigen subtilen und oftmals auch offen ausgetragenen Konflikten und Schuldzuweisungen auszusteigen.

Sollte ein gemeinsames Anerkennen aufgrund der Vielfalt der betroffenen Charaktere nicht möglich sein, empfehle ich jedem, der für sich selbst etwas verändern möchte, sich bewusst aus den Schuldverstrickungen zu lösen und den Weg des Hinschauens zu wählen.

SCHULDVERSTRICKUNGEN BEWUSST LÖSEN

Wenn ich aus den familiären Verstrickungen bezüglich der Schuldgefühle aussteigen will, kann ich nur bei mir selbst anfangen und für mich selbst etwas tun.

Vielleicht nehme ich mich - ähnlich wie bei einer Figur in einem Mobile - einfach aus dem System heraus, indem ich mich traue, aus den wechselseitigen Schuldzuweisungen auszusteigen, in denen ich gefangen zu sein scheine.

„Wie kann ich das tun?" Ich sehe mir das Mobile in Ruhe an. Ich nehme wahr, dass bestimmte Beziehungen in meinem Leben nur aus Problemen, aus Schuldgefühl und aus Schuld auslösenden Lösungsversuchen bestehen.

Hier darf ich mich bewusst entscheiden, einen Schritt in Richtung Freiheit zu gehen. Ähnlich wie meine Figur in dem Mobile kann ich einfach die Schwingung verändern, indem ich nicht mehr krampfhaft an Beziehungen festhalte und nach Lösungen suche.

Ich kann mich einfach aus dem System herausnehmen, indem ich vertraue. Vertraue, dass es auch richtig sein kann, vorerst aus dem Leben des anderen zu verschwinden, weil ich selbst den Kontakt nicht mehr krampfhaft aufrechterhalte.

DAS SPIEGELGESETZ

Da allgemein in unserer Kultur der Verstand auf das ursächliche Denken trainiert ist, neigen wir zum Schuld zuweisenden Denken. Je nachdem, welche Erfahrungen ein Mensch bisher bezüglich einer Sache in seinem Leben machen durfte, wird er die entsprechenden kausalen Zusammenhänge verknüpfen. Die Schlussfolgerung ist bei jedem Menschen unterschiedlich, hat aber einen immensen Einfluss auf das Einschätzen und Bewerten einer Situation.

Aus dieser individuellen Geisteshaltung heraus nimmt er seine Welt und seine Begegnungen nicht nur wahr, sondern schafft sich so sein eigenes Bild, sein eigenes Erleben.[22] Eine Erklärung, warum der Mensch sein Außen als Spiegel seiner eigenen geistigen Haltung erfahren kann. Besonders jene Anteile, die wir noch nicht als unsere

---

[22] Schopenhauer: „Jeder sieht im anderen nur so viel, als er selbst auch ist."

eigenen erkennen können, stören uns im anderen, weil diese uns an sie erinnern.

Da wir (Menschen) Vorstellung und Realität schwer unterscheiden können, sind wir kaum in der Lage zu prüfen, was wahr ist an den Geschichten, die wir uns immer wieder erzählen. Je früher unsere Vorstellungen von uns und der Welt entstanden sind, desto mächtiger wirken sie als Schlussfolgerungen in unser gegenwärtiges Leben hinein.

PROJEKTIONEN

Solange wir unsere verdrängten Schattenseiten nicht in unser Bewusstsein holen, können diese Schatten und die einhergehenden verdrängten Emotionen oft nur außerhalb unseres Egos wahrgenommen und unbewusst auf unser Gegenüber projiziert werden. Allzu häufig reagiert unser Ego dann mit Ablehnung und Verurteilung, weil es sich nur zu gern von diesen Empfindungen distanzieren möchte.

Da unser Körper jedoch geheilt werden möchte, wird er uns immer wieder mit diesen Emotionen in Kontakt bringen. Denn Heilung zu erfahren bedeutet: Die Befreiung der Energien, die in den Beschwerden und Krankheiten verborgen liegen.

Viele Erfahrungen, die EKA als Kinder erlebt haben, jedoch nicht verarbeiten konnten, projizieren sie auf ihre Mitmenschen. Durch die Überzeugungen, die sie im Kindesalter erlangt haben, erleben sie ihre Umwelt und ihre Beziehungen durch eine Art Filter, der von ihren Erfahrungen gefärbt ist. So passiert es, dass das Außen ihnen ihre inneren Überzeugungen widerspiegelt und sie ihr Erleben im Grunde selbst erschaffen.

Die Verletzungen meiner Kindheit beeinflussten mich so sehr, dass ich unbewusst nach Bestätigungen meiner im Kindesalter gemachten Überzeugungen suchte, wie z.B.: ich darf nicht fühlen; ich darf nichts merken; ich bin nicht gut genug; ich darf nichts annehmen; ich darf mich nicht wehren; ich darf nichts sagen; ich bin schuld; ich muss mich kümmern; ich muss mich sorgen; ich verdiene keine Belohnung; ich darf meine Gefühle nicht zeigen usw.

Mein Verstand war durch meine Erlebnisse in meiner gefährlichen und chaotischen Kindheit geprägt, er neigte dazu, das Erfahrene mit meinen inneren Bildern und zum Teil vererbten Filtern abzugleichen. Von Verlustängsten und schlechten Erfahrungen geprägt, waren meine Einschätzungen auf aktuelle Erlebnisse dementsprechend voreingenommen. Ich bzw. mein Nervensystem witterte Gefahren, wo gar keine waren.

Unser Verstand analysiert ununterbrochen und das immer in der Polarität. Es wird differenziert in Kategorien wie gesund/ungesund, gut/böse und vor allem richtig/falsch. Die geschätzte Zahl von 60.000 Gedanken pro Tag lässt uns erahnen, wie viele von ihnen unbewusst bleiben und dennoch unser Handeln und Fühlen beeinflussen.

Solange wir nicht bereit sind, die von uns als negativ verurteilten Eigenschaften auch als Teile von uns selbst wertzuschätzen, werden wir die Welt weiterhin als Spiegel unserer verborgenen Anteile erleben. Solange wir diese Teile weiterhin vehement unterdrücken, können wir sie nur außerhalb unseres Selbst wahrnehmen.

Wir können in unserer Welt, wie wir sie erleben, nämlich jeweils nur das bewusst wahrnehmen, was in uns selbst verborgen vorhanden ist. Das gilt für das „Schöne", welches wir begrüßen, genauso wie für das „Böse", welches wir ablehnen. Sich dieser Wahrheit bewusst zu werden bedarf Mut, bedeutet jedoch die Vervollständigung unseres eigenen Seins.

Die meisten von uns verbergen diese unbewussten und „negativen" Anteile, weil sie Angst vor einer Verschlimmerung der Krise haben. Das hat jedoch nur den Anschein, wie Psychotherapeut Heinz-Peter Röhr in seinem Buch „Vom Glück, sich selbst zu lieben - Wege aus Angst und Depression"[23] erläutert.

Bei vielen von uns ist es der Leidensdruck, der uns ermutigt, sich diesen verborgenen Anteilen zu stellen und sie somit zu erlösen. Sind die entgegengesetzten Anteile unserer geschätzten Eigenschaften und Werte einmal enttarnt und angenommen, verlieren diese ihre Macht über uns.[24]

Manche Menschen befinden sich leider so sehr im Nebel ihrer Vergangenheit, dass sie nicht wahrnehmen können, wie sehr ihre eigenen Kinder ihnen ihre verborgenen und verdrängten Gefühle widerspiegeln. Manche EKA, aber auch Kinder von Co-Abhängigen stellen sich tatsächlich unbewusst als sogenannte Symptomträger für die gesamte Familie zur Verfügung.

Mit Hilfe einer eigenen „Störung" versuchen sie verzweifelt, die Mutter bzw. den Vater zu retten, indem sie diese auf die eigene verdrängte Wahrheit stoßen möchten. Diese Kinder gibt es in allen möglichen - auch suchtfreien - Familienkonstellationen. Sie werden üblicherweise als sogenannte „Problemkinder" bezeichnet.

Der Diplompsychologe Robert Betz erzählt in seinen Vorträgen, dass, wenn eine Mutter anruft und fragt, ob sie ihr "Problemkind" zur Therapie zu ihm schicken darf, er in der Regel erklärt: "Nein; aber Sie dürfen zu mir kommen! Und Ihrem Kind danken - es ist ein Engel!"

Sich bewusst zu werden, dass man sich sein Leben lang als Projektionsfläche für die uneingestandenen Emotionen eines Elternteils zur Verfügung gestellt hat, kann ein wichtiger Schritt zur Genesung

---

[23] Heinz-Peter Röhr, *Vom Glück, sich selbst zu lieben – Wege aus Angst und Depression*, Patmos Verlag, Ostfildern, 2005, Seite 131.
[24] Entgegengesetzte Werte wären: Zuneigung – Ablehnung, Freude – Traurigkeit, Vertrauen – Vorsicht, Sanftheit - Wildheit, Friedenswille - Kampfbereitschaft, Macht - Ohnmacht, Mut - Bescheidenheit, sich zeigen - unbemerkt bleiben, reden- schweigen.

sein. Aus der ontologischen Sicht heraus spiegeln uns unsere Eltern, Kinder, Partner, Lehrer und andere „Sünder" unser Getrennt-Sein und bringen uns in einen immer bewussteren Kontakt mit unseren vielleicht auch durch Trauma ausgelösten Lebenskräften, die uns letztlich wieder in der Einheit wahrnehmen lassen. Wenn es uns nämlich gelingt, diese Zusammenhänge achtsam wahrzunehmen, ohne in die Be- oder Verurteilung zu schlittern, können wir, wenn wir uns bewusst auf diese Gefühle einlassen, endlich ein Loslassen ermöglichen. Wichtig ist, dass wir während dieses Prozesses nicht in die gewohnte Außenorientierung rutschen, sondern wahrnehmen, was um uns herum passiert, und gleichzeitig spüren, was das in uns auslöst, ohne uns davon zu distanzieren.

Vergleiche Schritt 4: Ich bin bereit, all meine mir dienenden Kräfte (Schmerzen, Gefühle, Wünsche, Bedürfnisse, Gedanken) anzunehmen, ohne sie zu verurteilen oder mir eine Geschichte (Rechtfertigung) dazu auszudenken.

Auf den nächsten Seiten werde ich einige Beispiele geben, in denen EKA lernen dürfen, gefühlsmäßig bei sich zu bleiben.

BEZIEHUNGEN ALS SPIEGEL

Wenn ein Familienmitglied mit Ablehnung auf meine wahren, zum Ausdruck gebrachten Gefühle reagiert und ich darunter leide, kann ich die Einladung annehmen, mir den Teil in mir anzuschauen, der mich selbst momentan ablehnt.

Dies sollte jedoch ohne Selbstverurteilung erfolgen. Weder für das eigene Gefühl noch für die Erkenntnis, dass ich mir anscheinend selbst noch nicht zugestehe, wahrhaftig zu sein.

Ein verständnisvolles „Aha" reicht aus; schließlich haben viele von uns von klein auf verlernt, solche unangenehmen Gefühle wie

Ablehnung, Minderwertigkeit, Einsamkeit, Scham, Angst, Ohnmacht usw. wertschätzend zu fühlen.

Auch die Wut gehört zu den von unserer Gesellschaft verurteilten und unerwünschten Gefühlen. Wutgefühle lernten wir in unserer Kultur von klein auf zu verdrängen oder zu kontrollieren. Dabei sind Wut und Aggression Ausdruck einer gesunden und vitalen Lebensweise, solange diese nicht die Standardreaktion auf das Leben sind. Viele EKA verdrängen die eigene Wut unbewusst so vehement, dass sie dieses Gefühl bei sich selbst kaum kennen - es im Außen jedoch heftig widergespiegelt bekommen.

Im Gegensatz zur Variante des Verdrängens, bei der die Wut oder das Gefühl der Machtlosigkeit in unseren Körperzellen eingesperrt wird und sich dadurch verstärkt, gilt es die Wut anzunehmen. Wut ist eine der vielen Emotionen, die uns wirklich zu uns selbst bringen kann, indem wir sie nicht verdrängen durch Ablenkung, Drogen oder „hinunterschlucken", sondern sie wertschätzend fühlen.

Das Schöne an der Wut ist, dass ich sie nicht ausagieren muss, um sie als eine Emotion fühlen zu können. Mein Gegenüber, der sie in mir zum Ausdruck gebracht hat, hat sie nicht erschaffen – ich selbst war es! Oft reichen einfache Gedanken aus, um dieses Gefühl auszulösen.

Vielleicht ist diese Emotion die uralte, allzu lang unterdrückte Wut aus der Kindheit. Die Wut, zu der das Kind nicht in der Lage war, sie auszudrücken oder sie zu spüren. Schritt 5 weist mich auf die Unterstützung meiner höheren Kraft hin: Mit Hilfe der Hingabe gebe ich meiner Höheren Macht, wie ich sie verstehe, und mir selbst gegenüber, meine vermeintlichen Fehler uneingeschränkt zu. Dieser Schritt lässt uns demütig alles annehmen, was auftaucht; auch Wut, Hass, Zorn, Neid, Missgunst und andere, von uns Menschen als schlecht bewerteten Gefühle.

Was auch immer eine Emotion in dir zum Ausdruck bringt: es geht für dich nicht mehr um den anderen. Nein, es geht um dich und deine dir dienende Kraft, die endlich etwas in dir zum Heilen bringen möchte.

In diesen Situationen empfinden wir meist die aus der Kindheit vertraute Machtlosigkeit. Mit Hilfe des 1. Schrittes dürfen wir uns dieses Gefühls gewahr werden. (Wir haben zugegeben, dass wir Alkohol und unseren Gefühlen (Schmerzen, Ängsten, Gefühlen, schuldig oder falsch zu sein, ...) und den Gefühlen anderer gegenüber machtlos sind und unser Leben nicht mehr meistern konnten.) Dann fällt es uns leichter unsere wahren Gefühle verständnisvoll anzunehmen - unsere eigene Wut und/oder die aus der Kindheit vertraute und gefürchtete Machtlosigkeit.

Gerne stellen sich unsere Partner oder Kinder zur Verfügung. Hier dürfen wir in den Spiegel schauen - also die Wut des anderen bewusst wahrnehmen und gleichzeitig uns selbst zuwenden, wie wir damit in Resonanz gehen, was die Emotion des anderen in uns auslöst und zum Schwingen bringen möchte.

Unbedingt gilt es, hier unserem Kontrollzwang zu widerstehen, nämlich den Spiegel putzen zu wollen, indem wir alles Mögliche tun, damit der andere nicht mehr wütend sein muss. Stattdessen sollten wir uns trauen, uns unseres eigenen Gefühls bewusst zu werden, wie beispielsweise Machtlosigkeit, Verzweiflung, Hilflosigkeit.

Meistens möchte die Wut alte Verletzungen, die einstmals aus der Ohnmacht und der Hilflosigkeit heraus entstanden sind, ans Licht bringen. So gesehen könnte sie eine Rettung sein, dich aus dem uralten Gefühl der Ohnmacht zu befreien. Wut ist sicherlich eine Reaktion auf den gegenwärtigen Augenblick. Und trotzdem ist es das Leben, das dich mit einer Erfahrung im Außen beschenkt, um endlich dieses uralte, tief in dir gespeicherte Gefühl zum Schwingen zu bringen.

Häufig lösen sich durch das bedingungslose hin spüren auch körperliche Symptome. Solange ein Mensch die Empfindungen und Emotionen ablehnt, die in seinen Körperzellen gespeichert sind, liegt er im ständigen Kampf mit seinen Körperfunktionen. Erst wenn Körper und Geist das Gleiche „wissen" dürfen, kann dieser Kampf vom Körper aufgegeben werden (vgl. Schritt 5/8).

ANGST VOR DEM VERSAGEN UND DER VERURTEILUNG

In der Regel versuchen EKA ihre Angst vor Verurteilung und Versagen zu verhindern, indem sie krampfhaft versuchen, perfekt zu sein. Die Angst vor dem Verlust der Kontrolle über eine Situation, vor aufbrausenden Menschen und Konflikten, lässt EKA viel zu viel Verantwortung für andere übernehmen.

Viele von ihnen fürchten sich so sehr vor der Kritik anderer, dass sie kaum in der Lage sind, für ihre eigenen Interessen einzustehen. Sie denken, wenn sie keine Fehler machen würden, wären sie nicht angreifbar und nicht verletzbar. Diese Präventionsmaßnahmen sind nicht nur unglaublich anstrengend, sondern auch aussichtslos.

Im Gegenteil: durch diesen Druck, den sich EKA selbst auferlegen, laufen sie Gefahr, sich bei vermeintlichen Fehlern selbst hart zu verurteilen und sich selbst abzulehnen. Außerdem hemmt diese Angst vor Fehlern die Er-Lebensfreude, die nötig ist, um neue Dinge anzugehen. Die Angst, nicht richtig zu sein, „wenn man glaubt, Fehler gemacht zu haben", sowie den sich einstellenden Selbsthass gilt es zunächst einmal wahrzunehmen. Nur die angenommenen Gefühle können uns in weiterer Folge dazu verhelfen, uns selbst anzunehmen, mit all unseren Ängsten und Fehlern (vgl. Schritt 1/8).

Außerdem kann es helfen, sich in Bezug auf die Zweifel und Verurteilungen sich selbst gegenüber, in der Beobachterrolle zu fragen, ob man einen guten Freund auch in dem Maße verurteilen und beschuldigen würde.

Oder hätte man sogar Verständnis? Ist es mir möglich, mir selbst ein liebevolles Verständnis entgegenzubringen? Ist es mir möglich, mich selbst zu trösten, wenn mir bewusstwird, dass es mein Kontrollzwang ist, der mich diesen Widerständen im Außen aussetzt, der mein Ur-Vertrauen ins Leben hemmt und vielleicht sogar verhindert?

MINDERWERTIGKEITSGEFÜHLE – ÜBERHEBLICHKEITSGEFÜHLE

Schwaches Selbstwertgefühl führt zu harter Selbstkritik. Das dadurch verursachte Gefühl der Minderwertigkeit lässt viele längst erwachsen gewordene Menschen übermäßig nach Anerkennung streben. Für diese Anerkennung setzen sie sich selbst häufig außerordentlich hohen Belastungen aus. Weil sie sich in vielen Fällen selbst überfordern, wechseln EKA zwischen den zwei Extremen: der Omnipotenz (Allmächtigkeit) und der Resignation (Aussichtslosigkeit).

Ein weiteres Phänomen ist, dass EKA von anderen Menschen als durchsetzungsfähig, willensstark und somit problemfrei wahrgenommen werden, obwohl sie tatsächlich längst überfordert sind und sprichwörtlich „in den Seilen hängen". Das Spannungsverhältnis der Diskrepanz zwischen Eigen- und Fremdwahrnehmung ist für EKA oftmals kaum zu verkraften.

Zudem lässt sie ihre größte Angst aus der Kindheit, verlassen zu werden, häufig krankhaft an Beziehungen festhalten. Im Grunde genommen sind sie auf der ständigen Suche nach Zustimmung. Dies führt zur fast ständigen Außenorientierung. Sie passen sich oft viel zu schnell den Bedürfnissen und Meinungen anderer an. In manchen dieser Situationen fühlen sie sich daher wie kleine Kinder; sie fühlen sich dem Leben entfremdet und vor allem unverstanden.

Wenn es ihnen gelingt, sich für ihre eigenen Interessen und Bedürfnisse einzusetzen, geht dies meistens mit einem schlechten Gewissen und einem Schuldgefühl einher. Um die eigenen Minderwertigkeitsgefühle zu kaschieren, verstrickt unser Verstand uns gern in übertriebene Moralvorstellungen. Wenn wir uns moralisch überlegen fühlen, urteilen wir über andere. Doch dieses Urteil fällt nicht nur auf uns selbst zurück, es bindet uns auch an das Negative, indem es uns nämlich zeitgleich daran hindert, das Schöne im Leben wahrnehmen zu können.

Gerade die reflektierenden EKA neigen dazu, gedanklich den moralischen Zeigefinger zu erheben. Wie sehr lehnen wir die Fehler ab, die unsere Eltern offensichtlich gemacht haben? Dieses moralische Überlegenheitsgefühl führt jedoch zu immer höheren Ansprüchen an uns selbst. Dies ist ein Grund dafür, dass wir überkritisch mit uns selbst und anderen sind.

Ist es nicht so, dass wir das, was wir bei anderen ablehnen, ja teilweise sogar hassen, uns selbst nicht eingestehen, sondern nach Möglichkeit komplett unterdrücken? Die von uns ins Dunkle verdrängten Eigenschaften wie Angst, Zorn, Gier, Maßlosigkeit, Rücksichtslosigkeit, Nachlässigkeit quälen uns unbewusst. Denn diese Dinge gehören zum Leben - das Leben besteht nun mal aus Gegensätzen und Polaritäten.

Was passiert, wenn ich die eine Seite ablehne und mir ganz verbiete sie zu leben? Ist es nicht so, dass diese verdrängten Eigenschaften zum Vorschein kommen wollen? Werde ich nicht gerade deshalb mit diesen Dingen im Außen, in meinen Beziehungen konfrontiert?

Wenn ich beispielsweise das Leiden und Jammern meiner Mutter zutiefst ablehne, gibt es vielleicht genau dieses Gefühl auch in mir, welches zum Vorschein kommen will? Gilt es, dieses Gefühl anzunehmen, damit mein körperlicher Schmerz seine Aufgabe, mich auf diese tabuisierten, unterdrückten Emotionen aufmerksam zu machen, endlich erfüllen kann, und anschließend vielleicht sogar überflüssig wird?

Auch hier darf ich den Teil in mir, der leidet oder jammert, bewusst wahrnehmen und mich diesem Gefühl hingeben, ohne mich mit diesem zu identifizieren. Denn es ist nur ein Gefühl.

Was verachte ich noch bei anderen? In welchen Angelegenheiten fühle ich mich ihnen noch moralisch überlegen? Wenn ich zum Beispiel andere verurteile, weil sie im Leben zugreifen, zuerst an sich denken, immer das erste Stück der Torte nehmen: ist es nicht sogar so, dass dieses Urteil mich gefangen hält und mich selbst im Leben nicht zugreifen lässt?

Haben meine Eltern zugegriffen? Das Leben gefeiert und dabei dummerweise ihren Alkoholkonsum maßlos übertrieben? Haben meine Eltern zu wenig Verantwortung übernommen? Ist das vielleicht ein Grund, warum es mir so schwerfällt, ohne Wenn und Aber zuzugreifen? Mein Leben zu leben, ohne dabei zuerst an alle anderen zu denken?

Wie ist diese Dynamik aufzubrechen?

Indem wir uns selbst die Fesseln öffnen! Indem wir etwas vom so sehr tabuisierten Chaos in unser Leben lassen: mal das erste Stück nehmen, uns mal nur um uns selbst kümmern, mal verschwenderisch sind und mal so gar nicht vorausschauend handeln, oder mal so richtig jammern, klagen und sogar wüten...

Was auch immer wir so sehr an unseren Eltern - und später bei anderen - zutiefst abgelehnt haben: wir sollten versuchen, es ganz langsam in unser Leben hineinzulassen. In Maßen können auch die nicht so salonfähigen Dinge sehr viel Freude machen.

Um uns diese, von uns so lang tabuisierten Reaktionen auch wirklich von Herzen zugestehen zu können, sollten wir bei unseren ersten Versuchen unser Herz öffnen. Und unseren Verstand/dem Beurteiler mal eine Pause gönnen. Ansonsten laufen wir laut Spiegelgesetz Gefahr, dass das Außen uns unsere Abwehr widerspiegelt, zum Beispiel durch Kritik oder Ablehnung.

Wenn uns dieses „hineinlassen" so nicht gelingt, weil es guten Gewissens noch nicht möglich ist, diese Dinge zu leben, können wir bewusst versuchen, nachsichtiger in unseren Beziehungen zu sein. Immer öfter wird es uns gelingen, die tabuisierten Eigenschaften bei anderen anzunehmen und sogar wertzuschätzen, denn sie sind es, die uns helfen, unsere Schattenseiten zu beleuchten.

Erinnern wir uns in solchen Momenten, wie viel Energie uns früher das eigene Urteil über andere gekostet hat. Ich empfinde es sogar als Glücksmoment, wenn ich merke, wie ich mich dem Leben und dem was ist, plötzlich hingeben kann - ohne einen gedanklichen Widerstand.

Und zu manchen Dingen lade ich mich regelrecht ein, indem ich mir vornehme, es bei nächster Gelegenheit selbst mal zu tun. Wie zum Beispiel: das größte Stück zu nehmen, nicht alle zu bedienen, auch keine Schuhe zu putzen, mal nicht gleich zurückzurufen, mir etwas völlig Unnötiges zu kaufen oder einfach mal Nein zu sagen… eben all die Kleinigkeiten, die wir uns selbst verboten haben. Es sind genau diese Kleinigkeiten, mit denen wir uns selbst beschenken können.

Jedes Urteil über andere hält uns gefangen in unseren eigenen perfektionistischen Ansprüchen.

Übrigens sind wir auch eingeladen, die vielen Dinge, die wir bei unseren Mitmenschen als positiv wahrnehmen, wieder in uns selbst zu entdecken. Diese Qualitäten schlummern oft als verloren geglaubte Ressourcen in uns – und warten förmlich darauf, von uns selbst wieder gelebt zu werden. Wie zum Beispiel die Leichtigkeit und Großzügigkeit anderer Menschen, dem Leben und sich selbst gegenüber.

Auf dem Weg zur Selbstliebe gilt es, die Sucht nach Anerkennung einzutauschen! In Authentizität und in das Vertrauen: „Ich genüge, allein, wenn ich bin."

Wenn es mir gelingt, die Rücksicht und die Wertschätzung mir selbst gegenüber zu leben, und auf die Anerkennung von außen für mein Tun, Wollen, Müssen, … zu verzichten, dauert es nicht lange, diesen Wert auch nach außen auszustrahlen.

DER TRAUM VON EINER BESSEREN KINDHEIT

Der Psychotherapeut Heinz-Peter Röhr ist seit über 30 Jahren an einer Fachklinik für Suchtmittelabhängige tätig. Nach seiner Aussage ist es entscheidend, sich vom Traum einer besseren Kindheit zu lösen, um sich seiner eigenen Wahrheit stellen zu können:

„Hierzu ist unabdingbar, dass Sie Vernachlässigungen, Verletzungen und Verluste wahrnehmen und anerkennen. Sie entdecken, dass Sie den inneren Schmerz verdrängen und verleugnen mussten, und erkennen das Unmenschliche darin, dass Sie gezwungen waren, mit sich selbst unmenschlich umzugehen. Trauern über die wahren Verletzungen, lässt Sie zurückfinden zur eigenen Menschlichkeit.

Wut, Hass, Verzweiflung, Depression lassen zuerst den Eindruck einer Verschlimmerung der Krise entstehen. All diese Emotionen sind aber wichtig, damit der Kontakt zu den wahren Gefühlen wiederhergestellt werden kann. Nur was angenommen wird, kann auch losgelassen werden."[25]

Manche EKA neigen jedoch dazu, die eigenen Eltern zu idealisieren. Das Gefährliche daran ist, dass dies den wahren Blick auf unsere Verletzungen der Kindheit verhindert. Es ist jedoch enorm wichtig, uns unseres Liebesverlustes in der Kindheit bewusst zu werden. Anderenfalls besteht die Gefahr, dass wir ein Leben lang versuchen, diese ausgebliebene Eltern-Liebe zu erhalten.

Gerade wenn die Eltern uns diese Liebe immer noch nicht gewähren können oder sie gar nicht mehr leben, laufen wir Gefahr, diesen Liebesdurst von unseren Partnern und Kindern stillen lassen zu wollen. Dies ist eine unerfüllbare Last für unsere Kinder und auch für unsere Partner.

Werden wir uns jedoch der Dynamik bewusst und erkennen unser Leid und unsere Verluste an, dann sind wir in weiterer Folge

---

[25] Heinz-Peter Röhr, *Vom Glück sich selbst zu lieben*, Patmos Verlag, Ostfildern, 2005, S. 131.

dazu in der Lage, ein Inneres Selbst zu erschaffen, das die seit unserer Kindheit ersehnten Bedürfnisse befriedigen kann: Beachtung – Verständnis – Liebe.

Wir können uns selbst die Beachtung und das Verständnis für unsere wahren Gefühle schenken! Und somit die bedingungslose Liebe!

Für EKA, die diese bedingungslose Liebe von zumindest einem Elternteil in der Kindheit vorenthalten bekamen, ist das kein leichter Prozess. Sie neigen noch im Erwachsenenalter dazu, sich für ihr Schicksal schuldig zu fühlen. Ihr Unterbewusstsein wird von ihren verdrängten Gefühlen beherrscht.

Insbesondere das Gefühl falsch bzw. schlecht zu sein, war in der frühen Kindheit eine Art Überlebensstrategie: Diese Strategie ermöglichte dem kleinen hilflosen Kind die Hoffnung, doch noch - durch Anstrengung oder wenn es nur anders sein könnte - geliebt werden zu können.

Dieses Überlebensmuster wirkte bis in mein viertes Lebensjahrzehnt hinein. Mein jahrelanger täglicher Rückenschmerz zwang mich regelrecht, mir meine unbewussten Gefühle und Überzeugungen anzuschauen.

Sätze wie: "Hilft denn bei Ihnen gar nichts?" spiegelten meine tiefe Überzeugung: "Ich bin schlecht, sonst würde irgendetwas helfen."

Erst als ich endlich „Ja!" sagte, zu mir und meinen Gefühlen, konnten meine mir dienenden Lebenskräfte sich wandeln. So konnte sich mein Minderwertigkeitsgefühl endlich in ein Gefühl der Wertschätzung für mich selbst wandeln.

Der 5.Schritt ist in diesem Inventur-Prozess sehr hilfreich: Mit Hilfe der Hingabe gebe ich meiner Höheren Macht, wie ich sie verstehe, und mir selbst gegenüber, meine vermeintlichen Fehler uneingeschränkt zu. Dieser Schritt lässt uns demütig alles annehmen, was auftaucht; auch Selbsthass, Zorn, Neid, Missgunst und andere, von uns Menschen als schlecht bewerteten Gefühle.

HILFE ANNEHMEN

EKA sind in hohem Maße bereit zu helfen. Warum aber fällt es ihnen so schwer, mit gutem Gewissen selbst Hilfe anzunehmen?

Ich glaube, dass viele EKA Schwierigkeiten haben, Hilfe anzunehmen, weil sie unter folgendem Stressvermeidungsmuster leiden: kann es sein, dass in der Kindheit viele Hilfsversuche von außen in ein Gefühl des „tiefen Bereuens" mündeten? Und manchmal sogar in einen Riesenverlust?

Wenn Kinder von Alkoholikern Hilfe oder echtes Mitgefühl in Anspruch genommen haben, war dieses immer mit unangenehmen Gefühlen verbunden, wie zum Beispiel Ohnmacht, Schuld, Scham, Verzweiflung und Mitleid. Bedauerlicherweise konnten die co-abhängigen Familienmitglieder auf die Hilferufe oder auf das Leiden der Kinder meist auch nur mit Angst, Stress oder Überforderung reagieren. Das wiederum löste bei den EKA ein Schuldgefühl aus.

Wenn die Angehörigen oder andere Personen ehrlich und mutig waren und versuchten, die suchtkranken Eltern auf die Bedürfnisse der Kinder hinzuweisen, reagierten die Alkoholiker in der Regel mit Lügen, Verleugnungen und Intrigen, um die Helfenden zu diskreditieren.

Und die, die trotzdem geholfen haben, wurden direkt von den suchtkranken Eltern schlecht behandelt oder - spätestens im nächsten Rausch - wurde versucht, das gute Bild vom Helfer zu vernichten.

Lange fragte ich mich: Wie ging es unseren nahen Verwandten, Nachbarn und Freunden; denjenigen, die vieles mitbekommen haben? Befürchteten sie, dass sie nicht helfen konnten; dass ihnen die

Hände gebunden waren; dass ihr Hilfsangebot die Situation nur noch verschlimmern würde?

Konnte ich deshalb nur schwer zu meinen Gefühlen stehen oder gar Hilfe annehmen? Glaubte ich noch als Erwachsene, ich könnte mein eigenes Glück zerstören? Wie damals, als ich Gefahr lief, meine Freunde, Tanten und Großeltern zu verlieren und damit auch die Zuneigung und die Glücksgefühle, welche ich bei ihnen empfinden durfte? Glaubte ein innerer, unbewusster Teil von mir weiterhin, mit einer Art des Liebesverlustes bestraft werden zu können, wenn ich meine Geschichte erzählte und um Hilfe bat? Hatte ich immer noch Angst vor dem tiefen Gefühl des Bereuens, wenn ich jemandem anvertraute, was in meiner Kindheit geschehen war?

Jahrelang habe ich mich gefragt, warum uns Kindern eigentlich niemand geholfen hat oder zumindest versucht hat, uns zu beschützen. Heute ahne ich, dass es die gleiche Ohnmacht der uns helfen wollenden Personen war, wie meine eigene: Befürchteten sie, aus dem Leben meiner suchtkranken Eltern verstoßen zu werden und somit aus dem Leben der Kinder, die ihnen am Herzen lagen, mit der Folge, dass sie überhaupt keinen Einfluss mehr auf unser Leben gehabt hätten?

EKA, die immer noch unter diffusen Verlustängsten und Minderwertigkeitsgefühlen leiden, dürfen sich von nun an trauen diese Gefühle wahrzunehmen. Mit Hilfe der Reflexion können wir von nun an selbst dafür sorgen, uns mitsamt unseren Gefühlen anzunehmen. Es ist auch gar nicht nötig, jedes Gefühl zu verstehen und zuordnen zu können. Es reicht vollkommen aus, die Gefühle und Emotionen als solche wahrzunehmen und mit ihnen in Kontakt zu gehen und unser Herz für sie zu öffnen. Sobald diese Gefühle nämlich nicht mehr mit einer Tatsache verwechselt werden, können uns diese Kräfte dienen - und unser Körper kann sich endlich von diesen Ängsten befreien, indem sie sich in Vertrauen wandeln.

DER KONTAKT ZU UNSEREM INNEREN WAHREN SELBST

Alle unsere Gefühle bringen uns wieder mit uns selbst in Kontakt. Wenn wir sie wirken lassen, indem wir sie wirklich fühlen, ohne sie zu bewerten oder verstehen zu wollen, dann dienen sie uns, indem sie uns zu unserem Inneren Selbst zurückführen.

Wir bringen ihnen lediglich Verständnis entgegen. Und nicht ein Verstehen-wollen, denn Überlegungen wie: „Soll ich vergeben, oder soll ich vielleicht den Kontakt abbrechen, denn diese Personen tun mir nicht gut...", lenken uns nur von dem ab, was ist. Außerdem verführen all diese Fragestellungen die EKA wieder dazu, in das alte Kontrollschema zu verfallen. Es reicht vollkommen aus, mit dem zu sein, was ist. Diese Kräfte, wenn sie sein gelassen werden, wandeln sich, allein dadurch, dass sie endlich gefühlt und angenommen werden.

Schon so lange wartet unser innerstes Selbst - und vielleicht auch das innere kleine Kind in uns - darauf, endlich wahrgenommen zu werden mit all seinen Gefühlen, um sich endlich richtig und vor allem angenommen zu fühlen.

Bezüglich des Annehmens halte ich es für sehr wichtig, dass wir uns nicht gleichzeitig vom wahrgenommenen Gefühl distanzieren. Häufig verleitet eine innere Moralvorstellung uns dazu, beim Fühlen der von uns als negativ bewerteten Gefühle umgehend eine Abwehr zu diesen Gefühlen aufzubauen. Diese entstandene Distanz verhindert den Kontakt zum Inneren Selbst und kann wiederum nur aufgehoben werden, wenn wir dieses Distanzieren oder Abwehren auch liebevoll wahrnehmen und sein lassen.

Darüber hinaus distanzieren sich viele EKA häufig auch von ihren positiven Gefühlen. Im Ausdruck ihrer Lebensfreude scheinen sie manches Mal wie gehemmt. Oft wirken dann die Konditionierungen und Überzeugungen der Kindheit. Ich bezweifle, dass die

Lebendigkeit der Kinder von Süchtigen im Alltag besonders willkommen war. Vermutlich durfte diese Seite bei vielen nur außerhalb der eigenen Suchtfamilie ausgelebt werden. Das könnte manchen EKA ein Verständnis dafür bieten, warum sie ihre eigene Fröhlichkeit und Lebensfreude in offener Gesellschaft besser annehmen können.

Die meisten Kinder haben die ihnen zugewiesenen Rollen gelebt. Vom temperamentvollen Pausenclown bis hin zum lieben, genügsamen Superkind, welches sich ausschließlich um die Bedürfnisse der anderen kümmerte. Um aus diesen zugewiesenen Rollenmustern auszusteigen, benötigen einige Jahrzehnte.

Im alltäglichen Leben mit ihrer Familie fühlen sich einige EKA immer noch so sehr für die Gefühle ihrer Liebsten verantwortlich, dass manche in deren Gesellschaft nicht in der Lage sind, ihre eigenen Bedürfnisse wahrzunehmen.

Nicht wenige von ihnen leiden unter einem unbewussten Glaubenssatz: „Wenn ich mich um mich und meine Bedürfnisse kümmere, laufe ich Gefahr, verlassen zu werden." (Vgl. Kapitel Rücksichtnahme). Aus dieser Dynamik heraus erlauben sich einige EKA nur, wenn sie allein sind, sich ihren eigenen Gefühlen und Bedürfnissen zuzuwenden. Sich dessen bewusst zu werden kann sehr hilfreich sein, um sein eigenes Wesen kennenzulernen. Damit wir in weiterer Folge immer mehr das leben können, was unserem innersten Wesen wirklich entspricht.

Durch die ontologische Haltung, also das wertschätzende Annehmen dessen was ist in der Begegnung mit anderen, können wir nicht nur unsere eigenen Bedürfnisse und Sehnsüchte, sondern auch so manchen Bewegungsimpuls und viele kleine Glücksmomente viel offener annehmen und damit der Lebendigkeit in uns wieder Raum geben.

Und die vielen neuen Erfahrungen, die wir lernen, bewusst wahrzunehmen, fühlen sich manches Mal fast magisch an. Ich persönlich werde immer häufiger von diesen wahren Glücksmomenten überrascht, in denen ich voller Hingabe bemerke, wie mein Mut, das Leben anzunehmen, belohnt wird. Mit wundervollen Momenten mit einhergehenden Gefühlen und Gedanken wie:

Ich bin es wert

…, dass man mir hilft.

…, dass man mich reich beschenkt.

…, dass man mich beschützt.

…, dass man mich liebt.

…, dass man mich verwöhnt.

…, dass man sich um mich sorgt.

Vor meinem bewussten Weg der Heilung hatte ich immer diffuse Gefühle und Bedenken in der Art: „Wann kann ich was zurückgeben oder wiedergutmachen?" Heute kann ich immer besser von Herzen nehmen. Welch ein Geschenk für alle, die mich lieben.

TEIL 3

Den 3. Teil des Buches widme ich dem Verzeihen und Vergeben. Ich möchte diesem Thema so viel Aufmerksamkeit schenken, weil ich glaube, dass eben dieses Vergeben-wollen einen entscheidenden Einfluss auf den Erfolg verschiedenster Therapien haben kann.

Und das, wie ich erläutern werde, sowohl im positiven als auch im negativen Sinne.

VERGEBEN

Ich glaube, dass der Vergebung eine besondere Heilkraft innewohnt. Allerdings bin ich der Meinung, dass man diesen Prozess nicht willentlich beeinflussen kann und vor allem nicht sollte. Genau hier sehe ich nämlich die große Gefahr, dass gerade der reflektierende Mensch in die Versuchung gerät, seinen Heilungsprozess zu erzwingen und ihn dadurch im Endeffekt behindert.

In vielen Therapien und in der Selbsthilfe-Literatur wird empfohlen, aus der Opferrolle auszusteigen, indem man auf die Anklage seiner Eltern verzichtet und ihnen stattdessen vergibt. Viele dieser Ratgeber empfehlen, sich unbedingt vorher dem Leid der Kindheit zu stellen, um die unterdrückten Emotionen annehmen zu können. Aber in nur wenigen Therapien wird das Paradoxon dieses Prozesses gewürdigt.

Das ist meiner Meinung nach der Grund dafür, warum sich viele über Folgendes nicht bewusst sind: dieses Vergeben-wollen verhindert oft den ehrlichen Blick auf das Leiden der Kindheit und schränkt somit den Heilungsprozess ein oder stoppt ihn sogar vollkommen.

DAS EIGENE LEID DER KINDHEIT ANERKENNEN

Wieso fällt mir das so schwer? Ist es das Schamgefühl, das unweigerlich auftritt? Weil ich es anscheinend nicht wert war, eine bessere Kindheit erleben zu dürfen?

Oder ist es das Auftauchen des Selbsthasses und Selbstzweifels bei der Frage: „Konnte man mich nicht lieben?"

Oder ist es die Angst vor der einhergehenden Anklage an meine Eltern, die mir diese bessere Kindheit, warum auch immer, verwehrten?

Oder die Angst vor der Anklage Gottes, warum er das Leid des kleinen Kindes nicht verhinderte?

Was passiert in mir, wenn ich plötzlich bereit bin, mich der Wahrheit meiner verlorenen Kindheit zu stellen? Die damit einhergehenden Emotionen gilt es anzunehmen. Dies ist jedoch nur möglich, wenn ich gleichzeitig bereit bin, auch meine Eltern im realen Licht zu sehen! Diese klare Sicht auf die Eltern ist oft nicht möglich, weil viele erwachsene Kinder den sehnlichsten Wunsch haben ihren Eltern zu vergeben.

Das Anschauen der Verletzungen aus der Kindheit, mit all den dabei auftretenden Empfindungen wie z.B. Scham, Wut, Trauer und Hass, wird als eine extreme Herausforderung empfunden, weil es sich so konträr zu dem Wunsch nach Vergebung verhält.

Vor allem der verzweifelte Wunsch nach der „verpassten Eltern-Liebe" und die uns von der Gesellschaft übergestülpte Moral, vermittelt durch das 4. Gebot „Du sollst deine Eltern lieben und ehren", lässt uns an der Idee einer harmonischen, liebevollen Beziehung zu unseren Eltern festhalten und die Sicht auf das Leiden der Kindheit extrem verfälschen und in vielen Fällen sogar verhindern.

Das Problem liegt häufig darin, dass einige von uns auch im Erwachsenenalter immer noch nicht diese Liebe von ihren Eltern erfahren, obwohl sie sich so sehr um Vergebung und die damit erhoffte liebevolle Beziehung zu ihren Eltern bemühen. Gerade die EKA, die das Glück haben, inzwischen trockene Eltern zu haben, leiden auf dramatische Weise unter dieser völlig unbewussten bzw. nicht eingestandenen Tatsache. Sie halten Jahre oder sogar Jahrzehnte lang daran fest, ihre Eltern scheinbar bedingungslos zu lieben, um endlich die verpasste Liebe, Zuneigung und Wertschätzung zu erhalten.

Diese tief verborgene Sehnsucht, diese Liebe doch noch von den in der Kindheit wirklich bedingungslos geliebten Eltern zu bekommen, lässt sie ungesunde, enge Bindungen zu ihren Eltern aufrechterhalten.

„Verzeihen kann nur jemand, der sein Drama verstanden hat und einen Ausweg fand. Verzeihen heißt verstehen, heißt auch, die Not der Eltern zu erkennen: ihre Unfähigkeit, sich selbst zu lieben, und demzufolge auch ihre Unfähigkeit, die eigenen Kinder lieben zu können".[26]

Bedauerlicherweise sind jedoch auch viele „trockene" Eltern immer noch nicht in der Lage, ihren Kindern echte Liebe, Zuwendung und Wertschätzung zu geben. Dies ist für das längst erwachsene Kind oft so schwer zu ertragen, dass es seine wahren Gefühle wie Ablehnung oder das Gefühl nicht geliebt, anstrengend und falsch zu sein, abermals unterdrückt.

„Die im Körper gespeicherten authentischen Gefühle bleiben dadurch weiterhin blockiert, was die Klienten damit bezahlen müssen, dass auch die schweren Symptome weiterhin bestehen bleiben".[27]

In vielen Aufarbeitungsprozessen verhindert die Moral, neben dem häufig über alles gestellten Vergebungsanspruch, dass sich das erwachsene Kind von dem Zwang lösen kann, seinen Eltern Liebe und Dank schuldig zu sein. Laut Alice Miller liegt hier ein kollektives Gesellschaftsproblem vor.

Alice Miller schreibt in ihrem Buch „Die Revolte des Körpers" über „den Konflikt zwischen dem, was wir fühlen und wissen, weil es unser Körper registriert hat, und dem, was wir fühlen möchten, um den moralischen Normen zu entsprechen, die wir sehr früh

---

[26] Heinz-Peter Röhr, V*om Glück, sich selbst zu lieben – Wege aus Angst und Depression*, Patmos Verlag, Ostfildern, 2005, S.133
[27] Alice Miller, *Die Revolte des Körpers*, Suhrkamp Verlag, Frankfurt, 2004, S. 29.

verinnerlicht haben." „Doch den Preis für diese Moral bezahlt der Körper. Wenn ein Mensch glaubt, dass er fühlt, was er fühlen sollte, und ständig versucht, das nicht zu fühlen, was er sich zu fühlen verbietet, wird er krank, es sei denn, er lässt seine Kinder die Rechnung bezahlen, indem er sie als Projektionsfläche für uneingestandene Emotionen benutzt."

DIENENDE KRÄFTE

Für die ontologische Sichtweise bedeutet diese Erkenntnis wiederum, dass wir uns trauen sollten, unsere dienenden Lebenskräfte anzunehmen, wie sie sind; und uns endlich die Erlaubnis zu geben, unsere Gefühle und Emotionen zu fühlen. Das Wissen über die in uns vorhandenen, aufgezwungenen Moralvorstellungen kann uns helfen unsere Gefühle, Emotionen und Gedanken gegenüber unseren Eltern wertfreier anzunehmen.

Wir können lernen unsere Gedanken, die menschliche Ebene des Lebenskräftemodells, zu belauschen. Und vielleicht gelingt es, uns selbst wahrzunehmen, wenn unser von der Gesellschaft konditionierter Verstand uns dazu verleiten möchte, die Eltern um jeden Preis lieben zu wollen. Wir erkennen, wenn wir mal wieder Gefahr laufen, uns gleichzeitig von unseren wahren Gefühlen zu distanzieren.

Wenn wir in der Lage sind, mit Hilfe der Reflexion unsere Gedanken und Glaubenssätze zu beobachten, wird es immer einfacher für uns, die einhergehenden wahren Emotionen mit gleicher Gültigkeit anzunehmen. Dies betrifft unsere Lebenskräfte der tierisch-instinktiven Ebene: zum Beispiel Ablehnung-Zuneigung, Schutzbedürfnis-Flucht, Wut/Zorn-Gelassenheit, Annäherung-Vermeidung, Missgunst-Wohlwollen.

Auf der vegetativen Ebene wiederum werden wir unter Umständen unsere wahren Gefühle kennen und schätzen lernen, wie zum Beispiel: Verzweiflung-Vertrauen, Stärke-Schwäche, Ohnmacht-Macht, Liebe-Abweisung, Schwindel-Klarheit, Härte-Weichheit, Zuwenden-Abwenden.

All diese von mir beschriebenen Gedanken, Gefühle und Emotionen sind Beispiele, mit denen ich dir ein Verständnis für die eigene Gefühlswelt vermitteln möchte. Denn aus eigener Erfahrung weiß ich, wie sehr das Wissen um die eigenen Verletzungen zu Wahrhaftigkeit verhelfen kann. Ich habe mich jahrzehntelang von vielen Gefühlen, die in unserer Gesellschaft negativ bewertet sind und somit von meinem eigenen wahren Selbst distanziert, und dadurch meinen eigenen Heilungs- und Entwicklungsprozess blockiert. Trotz sehr belastender Lebensumstände hatte ich oft keinen Zugang zu irgendeiner Emotion. Durch die Beobachtung meiner Lebenskräfte konnte ich mir jedoch genau dieser Gefühls-Leere bewusstwerden.

Interessanterweise waren das genau die Momente, in denen mein Körper mich förmlich anzuschreien schien. Rein physische Schmerzen und sogar Lähmungserscheinungen brachten mich in krasseste Überforderungssituationen; und mir fehlte jegliche Emotion dazu. Es war ein uraltes und unbewusstes Programm aus meiner Kindheit. Ein Schutz vor den unerträglichen Verlust- und Ablehnungsängsten und den einhergehenden Überforderungsgefühlen. Nach dem Motto: „Lieber emotional totstellen, als das fühlen zu müssen".

Durch wirkliches Annehmen – also bewusstes Spüren dieser „Gefühlslähmung" – gelang es mir in vielen kleinen Schritten, endlich einen Zugang zu meinen dahinter verborgenen, verachteten Gefühlen und Emotionen zu bekommen.

Durch die ontologische Haltung und das Praktizieren des 5. Schrittes konnte ich endlich spüren, dass Gefühle wie Überforderung, Neid, Ablehnung, Trauer, Angst, Schuldgefühle und Minderwertigkeitsgefühle annehmbare Gefühle sind. Gefühle die - wenn ich mich traute sie wirklich zu fühlen - mich nicht umbrachten, sondern mir dazu verhalfen, mich endlich aus der Identifikation mit ihnen zu lösen.

Ich konnte endlich lernen, dass ich nicht gleich schuldig war, wenn ich mich schuldig oder abgelehnt fühle. Ich konnte erfahren, wie sich durch das wirkliche Spüren dieser Gefühle etwas Befreiendes einstellte.

Ich änderte tatsächlich meinen Blickwinkel: Ich lernte, nicht mehr diejenige zu sein, die keinen Zugang zu ihren Gefühlen hat. Ich nahm stattdessen wahr, wie es sich anfühlte nichts zu fühlen. Und ich war nicht mehr diejenige, der die Bedürfnisse der anderen wichtiger waren, sondern ich nahm wahr, wenn mir die Bedürfnisse anderer wichtiger als meine eigenen erschienen. So lernte ich langsam, zu mir zu stehen; zu mir und meinen Bedürfnissen.

Ich wünsche jedem/r meiner Leser/innen einen ständigen Entwicklungsprozess. Ich vertraue darauf, dass wenn meine Leser/innen den jeweiligen Entwicklungsschritt entweder schon gemacht haben oder dieser später stattfinden darf, sie erleichtert bzw. gelassen über das jeweilige Thema lesen werden.

Allerdings möchte ich an dieser Stelle daran erinnern, dass es nicht ausreicht, das alles kognitiv zu verstehen und in Zukunft einfach zu bemerken. Aus eigener Erfahrung weiß ich, dass unsere alten Identifikationen sich nicht allein durch neues Denken aufheben lassen, sondern nur über das wirkliche Annehmen unserer Lebenskräfte.

Safi Nidiaye erklärt in ihrem Buch „Aufwachen und Lachen!"[28] sehr eindrucksvoll, dass es nicht ausreicht, anders zu denken, um aus alten Mustern zu erwachen.

Beim mehrmaligen Lesen der einzelnen Kapitel werden sich unterschiedliche Beobachtungen zeigen. Ich bin bezüglich meines eigenen Prozesses in ständiger Veränderung. Obwohl ich den Text selbst geschrieben, also auch kognitiv erfasst habe, verhilft mir jedes

---

[28] Vgl. Safi Nidiaye, *Aufwachen und Lachen*, Integral Verlag München, 2004.

erneute Durchlesen zu neuen und klaren Wahrnehmungen und zu einem neuen Verständnis meiner selbst.

Gerade die von uns als negativ benannten Gefühle wie Angst, Scham, Trauer, Wut, Schuld, Ablehnung und Einsamkeit sind sehr schwer anzunehmen, solange wir uns noch mit diesen Gefühlen identifizieren.

Wenn ich persönlich Unbehagen in Form von Schmerz oder negativen Gefühlen spüre, und es mir schwerfällt, mich auf meine entsprechende Emotion annehmend zu besinnen, dann spreche ich diese dienende Kraft direkt an: „Danke, dass du da bist, ich weiß du willst mich vor Bedrohungen und unangenehmen Situationen schützen." Dann fällt es mir schon viel leichter sie zu fühlen, und oftmals kann ich dann erkennen, dass sie mich nur vor einem anderen, dahinterliegenden Gefühl schützen will.

Ein Beispiel: Mein mir bekanntes Schuldgefühl möchte mich vor dem Gefühl der Ablehnung schützen, indem es mich daran hindert für mich einzustehen. Bei sich wiederholenden Mustern fällt es mir - wenn ich gelernt habe diese Gefühle annehmend zu fühlen - leicht, mein Schuldgefühl liebevoll wahrzunehmen und mit Hilfe meiner Reflexion zu sagen: „Danke, ich brauch dich nicht mehr. Ich bin erwachsen und kann zu mir und meinen Bedürfnissen stehen. Ich bin integer, stark und kann für mich einstehen." Oder: „Danke, ich brauch dich nicht mehr, ich liebe, fühle und schütze mich selbst, denn ich bin (wenn es denn überhaupt dazu kommt!) in der Lage, das Gefühl der Ablehnung als Gefühl zu fühlen, ohne es mit einer Tatsache zu verwechseln."

Allein die Bereitschaft, sich mit Hilfe der eigenen Wahrnehmungen zu entwickeln und zu verändern, ermöglicht die Wandlung (Heilung) im jeweiligen Moment.

Wenigen EKA gelingt es, die wahrhaftigen Emotionen gegenüber dem lebenden, noch trinkenden Elternteil zu empfinden. Ein häufiger, manchmal sogar bewusster Grund, sich von den eigenen

Gefühlen zu distanzieren, ist die uralte Angst, den Elternteil zu überfordern und somit zum Leiden und eventuell zum Trinken zu bringen.

Und viele von uns möchten auf gar keinen Fall ein mittlerweile „trockenes" Elternteil mit irgendwelchen schwer auszuhaltenden Gefühlen in Kontakt bringen. Die unendliche Dankbarkeit, dass Mutter oder Vater die unglaubliche Lebensaufgabe bewältigen konnte, der Sucht zu widerstehen, verhindert nicht selten den Zugang zum wahren Gefühl. Einige von uns können förmlich wahrnehmen, wie sie schlagartig von ihrer Gefühlsebene „abgeschnitten" werden, wenn sie mit den Eltern in Kontakt sind.

Wenn wir als Kinder den Versuch unternahmen, zu uns und für uns selbst einzustehen, wurden viele von uns nicht nur mit einem Gefühl der Überforderung seitens der Eltern konfrontiert und somit abgelehnt, sondern viele von uns wurden auch ausgelacht. Diese Erfahrungen des Allein- und Gedemütigt-Seins haben einige EKA dazu gebracht, die unbewusste Entscheidung zu treffen, diese Gefühlskombination nicht mehr spüren zu wollen. Sie verbieten sich sozusagen selbst die Ressource der Integrität. Solange diese Entscheidung unbewusst bleibt, und diese Angst vor der eigenen Stärke (für sich Einstehen) verdrängt und nicht angenommen wird, vermeiden diese Menschen Situationen, in denen sie zu sich stehen müssen.

Das bewusste Wahrnehmen der Lebenskräfte für sich wieder zu entdecken, ist für alle Betroffenen eine unheimliche Bereicherung, weil sie sich endlich aus alten destruktiven Denk-, Handlungs- und Gefühlsmustern befreien können. Das Geschenk, welches dieses bedingungslose reine Fühlen mit sich bringt, ist, dass auf wundersame Weise die schönen Gefühle viel öfter und vor allem in einer neuen Qualität Raum bekommen.

Ich glaube, dass wir im Leben immer wieder in Situationen kommen, in denen sich die Möglichkeit ergibt, mit den in der Kindheit von unserem Körper gespeicherten Emotionen in Kontakt zu kommen. Hier dürfen wir von nun an lernen jeden Versuch, diese erlebbaren Gefühle zu unterdrücken, zu unterlassen.

Bedingt durch die angeborene Fähigkeit zur Selbstregulation will der menschliche Körper diese authentischen, gespeicherten und blockierten Gefühle um jeden Preis loswerden. Er nutzt auch das „elternfreie" Leben, um diese Gefühle zu Tage zu bringen und sie fließen zu lassen.

Nehmen wir mal die von Miller erwähnte Projektion auf unsere Beziehungen im Alltag unter die Lupe. Beispielsweise wird uns das Gefühl ‚nicht gut genug zu sein' gerne von unserem Chef in unterschiedlichen Situationen auf dem Silbertablett serviert. Gerne versuchen wir dann den Spiegel, in den wir blicken zu putzen: „Der soll sich ändern - er erwartet zu viel von mir", anstatt uns den Teil in uns selbst anzuschauen, der von sich selbst glaubt, nicht gut genug zu sein.

Wenn wir diesen Schatten, nämlich das Gefühl der Wertlosigkeit einmal ans Licht geholt haben, indem wir uns diesem Gefühl wirklich hingegeben haben, kann es sich wandeln. Nicht nur, weil wir uns selbst bewusst werden, wie hart und lieblos wir bisher zu uns selbst waren, sondern weil dieses Gefühl zu uns gehört und unser Sein vervollständigt - einfach dadurch, dass wir es endlich als Gefühl erkennen und nicht mehr wie in unserer Kindheit mit einer Tatsache verwechseln. Unsere neue Haltung, uns selbst mehr Wertschätzung entgegenzubringen, entfaltet eine systemische Wirkung. Immer mehr wird das Außen unseren inneren Wert erkennen, weil wir uns endlich erlauben, ihn auszustrahlen.

Wenn unsere Kinder regelmäßig starke Emotionen wie Angst, Wut, Neid und Zorn zum Ausdruck bringen, dürfen wir uns fragen, ob sie vielleicht stellvertretend für uns diese - von uns so tabuisierten - Gefühle und Emotionen zum Ausdruck bringen. Auch hier gilt es, nicht nur unseren Spiegel[29] anzuschauen und der Versuchung zu

---

[29] Vgl. Robert Betz, Vorträge, z.B.: *Erkenne dich in den Spiegeln deines Lebens.*

widerstehen, ihn zu reinigen, sondern auch einen Blick in unser Innerstes zu wagen und uns ehrlich zu fragen: „Was macht es mit mir, dass mein Kind so wütend (oder so ängstlich, …) ist?"

Es ist mir besonders wichtig zu betonen, dass dieses Hinterfragen keine Frage der Schuld aufwerfen soll, sondern eine echte Chance bietet, sich die eigenen, eingesperrten Gefühle anzuschauen. Denn unser Gegenüber verhilft uns dazu sie zum Ausdruck zu bringen.

Jeder von uns hat auf seine eigene Weise schmerzliche Erfahrungen gemacht; sowohl in der Kindheit als auch in den Beziehungen in unserem Erwachsenenalter. Viele von uns suchen jedoch immer noch ihre Identität und den eigenen Wert in ihren Lebenspartnern oder in ihren Kindern, weil sie nie gelernt haben, ihren eigenen Wert wahrzunehmen. Viel zu lang haben sie die wahren Gefühle und somit ihre eigenen Bedürfnisse verdrängt. Diesen eigenen Selbstwert gilt es zu entdecken!

DIE IDEALISIERUNG DER ELTERN

Wir alle haben in unserer Kindheit völlig unterschiedliche Kränkungen und Zurückweisungen mit unserem trinkenden Elternteil erlebt - und ich möchte darauf hinweisen, dass die Verletzungen selbstverständlich in jedem Kind unterschiedlich tief waren.

Es ist ein wesentlicher Unterschied, ob Mutter oder Vater trinkend erlebt wurde. Besonders dramatisch sind die Vernachlässigungen, die Kinder erlebt haben, von denen beide Elternteile unter Alkoholismus litten.

Viele dieser Kinder haben aufgrund ihrer Erfahrungen die Verbindung zur Quelle ihrer Lebendigkeit verloren. Sie mussten sich um zu überleben sehr oft gute Gefühle einbilden und schlechte ignorieren; zu groß war die Angst vor der Einmischung von außen. In der Kindheit ging es ums Überleben. Später ging es dann darum, dem Wertesystem zu entsprechen.

Echte Gefühle ließen und lassen sich weder in der Kindheit noch im Jetzt erzwingen. Wir konnten sie lediglich unterdrücken oder ignorieren. Auch heute können wir unsere Gefühle nicht manipulieren; wir können uns nur etwas vormachen, indem wir sie verleugnen.

An dieser Stelle möchte ich noch einmal darauf hinweisen, dass keine Gefühle „herbei gefühlt" werden sollen - im Sinne von Überlegungen, was alles da sein könnte – sondern, dass lediglich die vorhandenen Gefühle ins Gewahrsein kommen dürfen und somit gefühlt werden. Auch möchte ich noch einmal betonen, dass wir die Gefühle und Emotionen nicht verstehen brauchen, sondern ihnen stattdessen lediglich mit einer verständnisvollen, ontologisch annehmenden Haltung begegnen. Diese Gefühle benennen zu können, kann unserem Verstand dazu verhelfen den Widerstand aufgeben zu können. Für das Befreien des Gefühls ist jedoch nur das bewusste Erleben nötig.

Nicht vergessen möchte ich all die wunderschönen Gefühle, die es wert sind, in ihrer Schlichtheit wahrgenommen zu werden. Es ist fast so, als würde man das Fühlen neu lernen.

Als mir mal jemand in einem ganz ehrlichen Moment verriet, dass er sich immer vorgestellt hatte, dass Kinder, die bei Alkoholikern aufwachsen, nicht ordentlich schreiben und lesen können, musste ich zuerst erleichtert und herzhaft lachen, aber es stellte sich kurze Zeit später eine mich extrem bewegende Erkenntnis ein.

Das Schreiben und Lesen hatte ich gelernt. Aber was ich nicht gelernt hatte, war das ganzheitliche Fühlen. Um in der Analogie des Schreiben- und Lesen-Könnens zu bleiben: Ich war schon in der Lage zu fühlen, aber ich war nur in der Lage, einen Teil des Alphabets zu nutzen. Es war nicht nur enorm anstrengend, ich war im Grunde nicht in der Lage, es selbst lesen zu können, geschweige denn, es mit anderen zu teilen. Außerhalb meines Selbst - d.h. die

Gefühle der anderen Menschen um mich herum - konnte ich wunderbar wahrnehmen, aber zu meinen eigenen Gefühlen hatte ich nicht immer einen Zugang. Es waren die Gefühle, die ich im Zusammenleben mit meinen suchtkranken Eltern früh geopfert hatte. Beispielsweise unterdrückte und verleugnete ich Wut und Ärger von klein auf, aus Angst vor Zurückweisung und weil das Ausleben dieser Gefühle schlichtweg gefährlich war.

Durch die Entwicklung meines inneren Beobachters lernte ich durch wertschätzendes Annehmen täglich neue „Gefühls-Buchstaben" und vervollständigte mein persönliches Alphabet. Endlich fühlte ich mich verbunden mit dem Leben und konnte die Schönheit des Fühlens in seiner ganzen Fülle genießen. Mehr und mehr lernte ich mich von meinem Wohlgefühl durch mein belebtes Leben navigieren zu lassen.

DER SCHMERZ ALS DIENENDE KRAFT

Wenn wir unter körperlichen Schmerzen leiden, ist unser Körper vielleicht unser Diener, der uns mit den in uns vorhandenen Lebenskräften in Kontakt bringen möchte.

Alice Miller schreibt in ihrem Buch „Die Revolte des Körpers" von der „sprechenden Krankheit". Der Körper braucht unbedingt die Wahrheit. „Solange diese nicht erkannt wird, die echten Gefühle eines Menschen gegenüber den Eltern weiterhin ignoriert werden, kann er die Symptome nicht aufgeben". Außerdem warnt sie vor dem 4. Gebot[30], denn es fördert die Verdrängung wahrer Gefühle... Ich persönlich glaube, dass Gott eindeutig erlaubt, mit unseren wahren Gefühlen zu sein.

Ich glaube außerdem daran, dass es für uns Menschen kein Gebot dieser Art bedarf, denn wer liebt, der liebt - und zwar freiwillig und

---

[30] Das 4. Gebot lautet: „*Du sollst Vater und Mutter ehren.*"

von Herzen. An dieser Stelle möchte ich nicht ausschließen, dass einige erwachsene Kinder von Alkoholikern natürlich die bedingungslose Liebe der Eltern erfahren haben. Ebenso wie, Gott sei Dank, viele andere Kinder auch. Aber diese bedürfen sicher keines Gebotes ihre Eltern zu lieben!

Ich persönlich empfand schon immer eine große Sehnsucht, meinen Eltern vollständig zu vergeben und sie bedingungslos zu lieben. Aber meine Gefühle und vor allem mein Körperschmerz forderten mich weiterhin auf, ehrlich zu mir und meinen Gefühlen zu sein. Und sie vor allem nicht abzuwehren oder zu verurteilen.

Mein Verstand wünschte sich, genau wie mein Herz, die elterliche bedingungslose Liebe zu erfahren und diese zu erwidern. Oft hatte ich schon ein tiefes ehrliches Verzeihen spüren dürfen, doch wechselten diese Gefühle, und auch das durfte ich annehmen und sein lassen.

Ich glaube, dass ein Verzeihen möglich ist - auch ohne den weiteren Kampf um Liebe. Vielleicht sogar erst dann, wenn wir gerade diese Erwartungen loslassen. Denn solange wir weiterkämpfen, gegen das was ist, verpassen wir das wirkliche Leben... und die wahre Liebe!

„Solange EKA glauben, dass sie fühlen, was sie fühlen sollten, und ständig versuchen, nicht zu fühlen, was sie sich zu fühlen verbieten, werden sie krank; es sei denn, sie lassen ihre Kinder die Rechnung bezahlen, indem sie diese als Projektionsfläche für nicht eingestandene Emotionen benutzen."[31]

Vielleicht kann man große Entwicklungsschritte mit der Geburt eines Kindes vergleichen. Wenn wir uns für das Neue öffnen, bringt es immer eine Veränderung des alten Gewohnten mit sich. Nicht selten im Leben bringen grundlegende Veränderungen Schmerzen mit sich. Meistens liegt hinter einem tiefen Schmerz jedoch ein riesiges

---

[31] Vgl. Originalzitat von Alice Miller, (op.cit FN 26)

Geschenk verborgen - die Liebe. Die Liebe zum Leben, die Liebe zu einem Menschen, die Liebe zu sich selbst ...

WAS IST LIEBE?

Die Literatur von Alice Miller hilft mir, meine Gedanken und Gefühle zu beleuchten. Sie warnt vor ungesunden, destruktiven Bindungen zu den Eltern der Erwachsenen.

Was ist wahre Liebe zu den eigenen Eltern?

- Ist es die tiefe Dankbarkeit, am Leben zu sein, die tiefe Dankbarkeit, dass meine suchtkranken Eltern seit Jahren „trocken" sind?
- Oder ist es mein aufrichtiges Mitleid meinen Eltern gegenüber?
- Ist es mein Bedürfnis nach Zuwendung und Aufmerksamkeit?
- Oder sind es meine Erwartungen an meine Eltern, mich wertzuschätzen, mich zu mögen, sich an mir zu erfreuen?
- Oder ist es die Angst, in ihnen schlechte Gefühle mir gegenüber auszulösen?
- Oder sind es meine Bemühungen, sie zu lieben und dabei anspruchslos zu sein?

Ist das alles Liebe?

Wäre es nicht eher wahre Liebe, sie so zu nehmen, wie sie sind?

- Ohne Erwartungen an sie zu stellen?
- Ohne diese Angst, von ihnen abgelehnt zu werden?
- Ohne die Angst, Schuld zu haben, ohne die Angst falsch zu sein?
- Ohne das Gefühl, dankbar sein zu müssen, für alles was sie für mich tun und je getan haben?
- Ohne diese Angst, dass meine Gefühle, Bedürfnisse oder Schmerzen sie überfordern könnten?
- Ohne sie anders haben zu wollen?

Wäre das dann Liebe?

Was ist mit den schrecklichen Gefühlen: der Ablehnung, dem Gefühl zu anstrengend, nicht dankbar genug oder schuldig zu sein?

Was ist das? Liebe? Abhängigkeit?

Bin ich abhängig von ihrem Wohlbefinden, von ihren Taten, Worten, Gefühlen, Leiden?

Ist es das, was man eine destruktive Beziehung nennt?

Wie kann ich mich aus der emotionalen Abhängigkeit lösen?

Kann ich es vielleicht bemerken, wenn ich immer noch alles tue, um ja nichts „Ungutes" in meinen Eltern auszulösen? Darf ich endlich aufhören, meinen Eltern um jeden Preis gefallen zu wollen, indem ich meine wahren Gefühle verleugne? Darf ich endlich wissen, dass dieser Preis zu hoch ist?

Darf ich darauf vertrauen, dass ich richtig bin? Auch wenn meine Eltern nach meinen ersten zarten Versuchen, zu mir zu stehen, mit unangenehmen Gefühlen in Kontakt kommen? Schaffe ich es, ihre Gefühle bei ihnen zu lassen? Ohne mich, wie in der Kindheit erlernt, für ihre Gefühle verantwortlich zu fühlen?

Kann vielleicht irgendwann aus der Wahrheit heraus wieder eine neue, gesunde Beziehung entstehen? Und zwar zwischen dem mittlerweile Erwachsenen und seinen Eltern? Einem Erwachsenen, der sich selbst die Anerkennung für sein Leid und seine wahren Gefühle schenkt?

Zu lang habe ich - vielleicht aus Gründen der Moral, vielleicht aber auch nur aus einer Ur-Sehnsucht nach elterlicher Liebe heraus - mir, meinem Umfeld und sogar meiner Familie etwas vorgespielt.

Der Einzige, der mir nichts davon abgenommen zu haben scheint, ist mein Körper.

Nie wieder möchte ich meinen inneren Schmerz verleugnen - und doch werde ich damit rechnen müssen - und ich bitte meine Höhere Macht mir beizustehen, damit ich mir selbst beistehe.

Mein Unglück
ausatmen können

tief ausatmen
so, dass ich wieder
einatmen kann

Und vielleicht auch mein Unglück
sagen können

in Worten
in wirklichen Worten

die zusammenhängen und Sinn haben
und die man selbst noch verstehen kann

und die vielleicht sogar
irgendwer sonst noch versteht
oder verstehen könnte

Und weinen können
Das wäre fast schon wieder Glück.[32]

Diese Selbstliebe zu erfahren ist eines der großen Geschenke im Heilungsprozess.

---

[32] Erich Fried, *Gedichte*, dtv, München, 1995, S. 107.

MIR SELBST VERGEBEN

Viele von uns glauben, es ginge nur darum, den suchtkranken Eltern zu vergeben. In Wahrheit geht es darum, sich selbst zu vergeben! Denn ich selbst war es, die sich und ihre Gefühle verleugnet hat. Sich diese Wahrheit einzugestehen, bedarf des eigenen Leidensdruckes oder unglaublich großen Mutes.

In meinem eigenen Heilungsprozess konnte ich schrittweise erkennen, dass ich als Kind den eigenen Schmerz verdrängen und verleugnen musste um zu überleben. Ich erkannte, dass ich es auch aus Liebe zu meinen Eltern und zu meinen Geschwistern tat. Ich zwang mich schon als Kind dazu, mit mir und meinen Bedürfnissen unmenschlich umzugehen.

Ich glaubte mein halbes Leben lang, dass ich fühlen könne, was ich fühlen sollte, und versuchte krampfhaft, das nicht zu fühlen, was ich mir zu fühlen verboten hatte. Das Traurige daran war, dass ich nicht nur selbst krank geworden bin, sondern dass ich Gefahr gelaufen bin, meine eigenen Kinder als Projektionsfläche für nicht eingestandene Emotionen zu benutzen.

Das Trauern über meine wahren Verletzungen verhalf mir, zu meiner eigenen Menschlichkeit zurückzufinden. Angst, Verzweiflung, Wut, Hass und Depressionen ließen zuerst den Eindruck einer Verschlimmerung meiner Lebenssituation entstehen, all diese Emotionen waren jedoch der Schlüssel für den Kontakt zu meinem wahren Inneren Selbst. Ich erfuhr, dass ich das, was ich in Liebe annehmen konnte, auch in Liebe loslassen konnte.

Nur wenn ich mir jetzt als Erwachsene ehrlich eingestehe, dass ich selbst es bin, die mich und meine Gefühle verleugnet, kann Heilung entstehen; für mich und für die weiteren Generationen.

In Momenten tiefster Verzweiflung über die Verstrickung im Familiensystem wurden mir die wunderbarsten Gefühle des Vergebens geschenkt. Denn schon meine Eltern litten unter diesen scheinbar nicht annehmbaren Gefühlen. Und mir bleibt das Vertrauen, dass diese von mir geachteten und gespürten Gefühle die Macht über weitere Generationen verlieren, allein weil ich sie aus der Verdrängung und Verleugnung befreie.

Und in Zeiten des Rückfalls, in denen ich mich wieder aufopfern will und aus Rücksicht oder Feigheit meine wahren Gefühle verleugne, darf ich mich erinnern: dass nicht nur ich genese, wenn ich zu mir stehe, sondern auch meine, über alles geliebten Kinder!

Denn sie brauchen die echte Kommunikation ohne Lügen, ohne falsche Sorgen, ohne Schuldgefühle, ohne Warnungen, ohne Angstmacherei und ohne Projektionen! Sich seiner eigenen Wahrheit und sich den somit sichtbaren Mängeln hinzugeben, bedarf großen Mutes (vgl. Schritt 3/5/6).

Ich und die Al-Anon-Mitglieder[33] auf der ganzen Welt finden hierbei Unterstützung im 12-Schritte-Programm. Dieses Programm hilft Millionen von Menschen sich dem Lebensfluss, mit allem was das Leben uns bietet, hinzugeben. Der Glaube an eine Höhere Macht hilft uns, unseren Kontrollzwang aufzugeben. Die Hoffnung und die Demut stehen uns bei, uns dafür zu öffnen und uns selbst zu vergeben (vgl. Schritt 2).

„Höhere Macht, gebe mir die Gelassenheit Dinge hinzunehmen,
die ich nicht ändern kann,

den Mut Dinge zu ändern, die ich ändern kann

und die Weisheit, das eine vom anderen zu unterscheiden."[34]

---

[33] Siehe Kapitel „Das 12-Schritte-Programm" Seite 77.
[34] Gelassenheitsgebet der Al-Anon-Gruppen verfasst von Reinhold Niebuhr

TEIL 4

VERANTWORTUNG FÜR UNSER GLÜCK ÜBERNEHMEN

Einerseits ist es richtig und wichtig zu wissen, dass es die Umstände in der Kindheit und die Erfahrungen mit unseren suchtkranken Eltern waren, die uns verlernen ließen, unsere Gefühle anzunehmen, und uns dazu verleiteten, uns selbst abzulehnen, um verstehen zu können, warum unser Urvertrauen und unsere Lebensfreude beeinträchtigt sind.

Andererseits gilt es jetzt, die Verantwortung für unser Erwachsenenleben zu übernehmen. Nur wir selbst sind in der Lage, uns aus diesen Mustern und Lebensumständen zu befreien! Jetzt, wo wir uns ihrer bewusstgeworden sind und wir sie wahrzunehmen vermögen, können sich diese Muster, Gefühle und Verstrickungen durch uns lösen.

Die Ressource, für mich selbst Verantwortung zu übernehmen, kann ich nutzen, sobald ich mir die Ontologie[35] bewusstmachen kann. Es gilt nun, die schädlichen Muster und Prägungen wahrzunehmen, um sie aus mir heraus in ein Urvertrauen in das Leben, in meine Höhere Macht, wie ich sie verstehe, zu verwandeln (vgl. Schritt 2/4/5/6).

In meinem eigenen Entwicklungsprozess lernte ich zum Beispiel wahrzunehmen, wie sehr ich den Teil (die kleine verletzte und verwundete Finnja) in mir selbst hasste, der vor lauter Schmerzen das Leben und die Freuden ablehnte. Den Teil, der aus lauter Angst, das Falsche zu tun, wie gelähmt zu sein schien.

Die 12 Schritte halfen mir auch hier, einzusehen, dass ich dem Selbsthass gegenüber machtlos war und mein Leben nicht mehr meistern konnte. (Schritt 1) Ich kam zu dem Glauben, dass eine Macht, größer als ich selbst, mir meine geistige Gesundheit wieder geben kann. (Schritt 2) Ich fasste den Entschluss, meinen Willen und

---

[35] Ontologie: die Abfolge von Ereignissen, die zum gegenwärtigen Zustand geführt haben. (op.cit FN 3)

mein Leben der Sorge Gottes, wie ich Ihn verstand, anzuvertrauen. (Schritt 3)

Ich machte eine gründliche und furchtlose moralische Inventur von mir selbst und lernte, dass ich mir meiner selbst bewusstwerden darf (Schritt 4), um meinen Selbsthass endlich in Selbstliebe zu wandeln. Heute kann ich immer häufiger erkennen, wie hart und herzlos ich mit mir bzw. mit dem verletzten Kind in mir umgehe. Immer öfter kann ich dann die kleine Finnja annehmen, indem ich mein Herz für sie öffne und ihr und ihren Schmerzen echtes Mitgefühl entgegenbringe.

So gestand ich meiner Höheren Macht und mir selbst die genaue Art meiner Verfehlung ein. (Schritt 5) Ich wurde - in Momenten der Stille - vorbehaltlos bereit, meine Charakterfehler von meiner Höheren Macht, wie ich sie verstand, beseitigen zu lassen (Schritt 6) und bat diese, mich von meinen Mängeln zu befreien. (Schritt 7) Ich nahm mir vor, das Unrecht, das ich mir selbst zugefügt hatte, wieder gut zu machen. (Schritt 8) Wann immer möglich, bemühte ich mich aufrichtig um direkte Wiedergutmachung bei mir selbst und bei denen, die ich mit meiner anscheinenden Bedürfnislosigkeit getäuscht habe. (Schritt 9) Ich fuhr fort, persönliche Inventur zu machen. (Schritt 10) Durch Gebet und Meditation suchte ich den Kontakt zu meiner inneren Heilquelle. (Schritt 11) Nachdem ich durch diese Schritte ein inneres Erwachen erlebt hatte, versuchte ich diese Botschaft an andere weiterzugeben und mich in allen meinen Angelegenheiten nach diesen Grundsätzen zu richten. (Schritt 12)

Eine hilfreiche Übung, um sich selbst mit Hilfe der 12 Schritte bedingungslos anzunehmen, ist das tägliche „Stille-sitzen". Für diese Einladung sich selbst zu begegnen, reichen 5-10 Minuten vollkommen aus. Alles, was man dafür können muss, ist sitzen und die Bereitschaft sich selbst auf allen Ebenen wahrzunehmen!

Sich seiner selbst bewusst zu sein, anstatt sich gedanklich davontragen zu lassen, gelingt relativ einfach, indem man den Kontakt zum eigenen Atem hält. Das immer wieder bewusste Zurückkehren zum Atem verhindert, dass man sich mit irgendeiner Ebene identifiziert oder sich von ihr davontragen lässt.

Es mag angenehm oder unangenehm sein. Schenke dir (so gut du kannst) freundliche Aufmerksamkeit, ohne dich einzumischen oder dich zu verlieren. Bleibe einfach Zeuge, mit dem Wissen, dass du nicht deine Vorstellung, Gedanken und Gefühle bist, sondern diese lediglich erlebst.

Als sehr hilfreich empfinde ich, die ersten drei Schritte zu lesen oder sich ihrer bewusst zu sein, bevor man sich in die Stille begibt. So fällt es leichter, sich zu öffnen für alles, was kommen mag und sich gleichzeitig von seiner Höheren Macht geführt zu wissen.

EMPATHIE UND MITGEFÜHL

Was ist mit unserem Einfühlungsvermögen gegenüber anderen? Das heißt unserer Fähigkeit, die Gedanken, Emotionen, Absichten und Persönlichkeitsmerkmale eines anderen Menschen zu erkennen und zu verstehen? Inwiefern reagieren wir auf die Gefühle anderer, empfinden selbst deren Gefühle wie Leid, Trauer, Angst oder Wut und fühlen einen Hilfsimpuls?

Wo hört hier gesunde Empathie auf und wo führt das außenorientierte Mitfühlen zur Missachtung bzw. Verleugnung der eigenen Gefühle?

Für EKA ist es sehr schwer, gesunde Empathie als solche wahrzunehmen. Sie neigen durch ihre Außenorientierung dazu, sich mit den Gefühlen ihres Gegenübers zu identifizieren. Oftmals zwingen sie sich, diese Gefühle zu übernehmen, weil ihnen die Bedürfnisse der anderen wichtiger erscheinen. In diesen Momenten sind sie nicht in der Lage, sich selbst - sprich ihre eigenen Empfindungen - wahrzunehmen, weil sie sich dies unbewusst verbieten. EKA laufen also wieder Gefahr, dass diese unterdrückten Gefühle und Emotionen im Körper eingelagert werden und sich dadurch verstärken.

Oftmals ist es jedoch auch die Kontrollillusion, gepaart mit dem erhöhten Verantwortungsgefühl (konditionierte Schuldgefühl), welche EKA dazu verleiten, sich mit dem Gefühl des anderen zu identifizieren. Insbesondere EKA, die Eltern sind, haben Schwierigkeiten die Gefühle ihrer eigenen Kinder einfach sein zu lassen. Aus einem uralten Schuldgefühl heraus unternehmen sie oft irrationale Handlungen, nur um die für sie selbst als unerträglich empfundenen Gefühle ihrer Kinder abzustellen/zu verändern. Sie möchten ihre Kinder vor deren eigenen Gefühlen schützen. Dabei haben sie und auch ihre Kinder ein Recht auf eigene Gefühle.

Zur Erklärung möchte ich einige Beispiele anführen:

Wenn unser Kollege wütend vor uns steht und wir in der Lage sind seine Wut wahrzunehmen, kann bei uns trotzdem ein Gefühl des Unverständnisses oder vielleicht sogar ein Gefühl der Gleichgültigkeit vorhanden sein. Gelingt es uns, bei unserem eigenen Gefühl zu bleiben, kann sich beispielsweise Gelassenheit einstellen.

Wenn wir unseren Kollegen sehr mögen, laufen wir vielleicht Gefahr, in unser Co-Abhängigkeitsverhalten zu schlittern: Co-abhängige Menschen verbergen oder ändern sogar ihre Identität und ihre Gefühle, um anderen zu gefallen und um ihnen nahe zu sein. Das Verantwortungsbewusstsein für die Bedürfnisse anderer Menschen steht bei Co-Abhängigen an erster Stelle, selbst wenn dies auf Kosten der eigenen Bedürfnisse geht.[36]

Ganz abrupt ist uns das Gefühl des Kollegen wichtiger und verhindert, dass wir aus unseren eigenen Gefühlen und Bedürfnissen heraus reagieren können. Gegebenenfalls versetzen wir uns so sehr in die Position des Kollegen, dass wir fast zwanghaft irgendwelche Maßnahmen treffen, um sein Gefühl verbessern zu können.

---

[36] Siehe Kapitel: Außenorientierung und Kontrollzwang Seite 36.

Es ist für die Heilung Co-Abhängiger enorm wichtig, die eigenen Gefühle nicht weg zu schieben, um andere besser verstehen oder helfen zu können, sondern sie sein zu lassen. Gegebenenfalls kann unser eigenes Gefühl uns zur Hilfe inspirieren.

Für die meisten Menschen stellt so etwas kein Problem dar; für Co-Abhängige ist es häufig sehr schwierig, da die Gefühle der anderen wichtiger erscheinen als die eigenen. Und speziell die Gefühle der von uns geliebten Menschen.

Wenn mein geliebtes Kind über die heruntergefallene Kugel Eis weint, bin ich als Mutter oder Vater in der Lage, sein Leid als sein echtes Gefühl wahrzunehmen. Bestenfalls bin ich auch in der Lage, meine eigenen Empfindungen zu dieser Situation wahrzunehmen. Ich möchte ein paar mögliche Beispiele anbieten:

- Ich empfinde Mitleid, weil mein Kind heute so unglücklich ist und das Leben wirklich hart zu ihm ist.
- Ich empfinde Schmerz, weil ich möchte, dass mein Kind glücklich ist.
- Es tut mir weh, weil mir das als Kind auch so oft passiert ist.
- Es tut mir weh, aber ich weiß eigentlich nicht warum.
- Ich bin wütend. Zehnmal habe ich meinem Kind schon erklärt, es solle das Eis senkrecht halten.
- Mein Schuldgefühl meldet sich, da ich das Leid hätte verhindern können: warum habe ich kein Eis am Stiel gekauft?
- Ich bin wütend. Meine Wut richtet sich auf den Eisverkäufer, schließlich hat er uns zum Kugel-Eis überredet.
- Ich kann das Leid meines Kindes und gleichzeitig mein Vertrauen wahrnehmen, dass das Kind bald wieder glücklich sein wird und an dieser Erfahrung reifen wird.

Du wirst jetzt vielleicht die eine oder andere Empfindung als besser, gesünder oder natürlicher empfinden. Aber optimal ist nur eine einzige: und zwar die, die im jeweiligen Moment gerade wahrhaftig erlebt wurde. Alles was da ist, darf sein! Und dieses in mir auftauchende Gefühl, diese Emotion, hat mein Kind nicht in mich hinein geweint, sondern lediglich in mir ausgelöst.

Wenn ich um meine Kindheit trauere und mein Lebenspartner das wahrnimmt, hat er bestenfalls sein eigenes Gefühl dazu. Das kann selbstverständlich das gleiche wie meines sein. Es können aber auch die unterschiedlichsten Gefühle sein, wenn er nicht verwirrt oder co-abhängig ist. Gefühle wie Trauer über eigene Verletzungen, Trauer um mich und meine Kindheit, Wut, Zorn oder Hass auf meine Eltern. Oder Wut über das Leben. Oder Verachtung oder pure Liebe, oder auch Unverständnis, wem auch immer gegenüber, oder auch Neid, weil ihm sein eigenes, als extrem tragisch bewertetes Leid bewusstwird? Jede einzelne Variante ist sein Gefühl und schließt das Verständnis mir und meinem Gefühl gegenüber nicht aus - im Gegenteil!

Ich glaube, dass kein Mensch in irgendjemand anderem ein Gefühl „erschaffen" kann. Man kann ein Gefühl in einem anderen auslösen und auch provozieren, allerdings kann man nur ein bereits vorhandenes Gefühl zum Schwingen bringen. Und zwar eines, das sowieso in dem entsprechenden Menschen vorhanden ist und zum Ausdruck kommen möchte.

Also brauchen wir uns nicht für die entsprechenden Gefühle erwachsener Menschen verantwortlich fühlen, solange wir sie nicht absichtlich provoziert haben.

Der Mensch bringt im Grunde ab dem Zeitpunkt seiner Zeugung direkt seine Umwelt mit Lebenskräften in Kontakt. Die Frage ist nur, ob es richtig ist, sich allein für diesen Umstand verantwortlich bzw. schuldig zu fühlen.

Das ist auch eine Erklärung dafür, warum jede Begegnung eine Einladung an uns selbst ist, uns unseren eigenen Gefühlen,

Emotionen und Gedanken zuzuwenden. Allzu gern wehren wir diese Einladung ab, mit Gedanken oder Auseinandersetzungen, die dann lauten: „Der" oder „die" sollte anders reagieren, dann wäre ich nicht derartig emotional durcheinander.

Unsere negativen Gefühle sollten wir nicht mehr links liegen lassen - sondern mitten durch sie hindurchgehen, indem wir sie bewusst spüren. Denn wenn wir Gefühle, Emotionen und Gedanken wahrnehmen und sein lassen, geben wir ihnen die Möglichkeit zu fließen. Manche schwingen dabei regelrecht aus und können sich endlich von uns lösen.

Wie von Zauberhand stört es uns auf einmal nicht mehr, wenn die Schwiegermutter oder der Chef behaupten, wir wären chaotisch. Einfach deshalb, weil sich das Gefühl der Minderwertigkeit in uns lösen durfte. Das sind die Geschenke, die es in weiterer Folge zu ernten gibt, wenn man sich solchen verdrängten Gefühlen in ausreichendem Maße gestellt hat.

Geduld ist hier gefragt. Bei vielen angestauten Gefühlen empfinden wir diese „Geschenke" oft als Erstverschlimmerungen. Ein schöneres und meiner Meinung nach passenderes Wort wäre die „Letzt-Verschlimmerung". Aus eigener Erfahrung muss ich zugeben, dass ich mir manche Gefühle öfter anschauen musste, bevor sie sich lösten. Aber es wurde von Mal zu Mal leichter.[37]

---

[37] Vgl. Heinz-Peter Röhr: *„Wut, Hass, Verzweiflung, Depression lassen zuerst den Eindruck einer Verschlimmerung der Krise entstehen. All diese Emotionen sind aber wichtig, damit der Kontakt zu den wahren Gefühlen wiederhergestellt werden kann. Nur was angenommen wird, kann auch losgelassen werden.",* *(op.cit FN 25).*

POSITIVE VERÄNDERUNGEN

Die schönsten Nebeneffekte des Annehmens dieser verborgenen Schatten sind die vielen, von uns als positiv empfundenen Gefühle, Emotionen und Gedanken, die auf einmal wieder vermehrt und in einer faszinierenden Schlichtheit von uns wahrgenommen werden können.

Meine Erklärung zu diesem Nebeneffekt ist folgende: Das Leben besteht aus Tag und Nacht – und wenn ich mich der Dunkelheit nicht mehr verschließe, kann ich plötzlich auch das Licht des Tages in seiner ganzen Fülle wahrnehmen und genießen.

Oft haben eigene Veränderungen eine systemische Wirkung, denn, wenn wir aus uns heraus eine andere Haltung einnehmen, verändert sich oft das Umfeld (z.B. der Chef, Ehepartner, Kinder, Kollegen…).

Im ontologischen Sinne kann uns beispielsweise unsere tierische Lebenskraft zur entsprechenden Abwehr unangenehmer Erlebnisse oder Aufgaben verhelfen, weil unsere Seele keine entsprechenden Gefühle, Emotionen oder Gedanken mehr benötigt, um diesbezüglich zu wachsen oder weil unser Unterbewusstsein sich nicht mehr von diesen Gefühlen befreien muss. Außerdem lerne ich, meine Gedanken bewusst wahrzunehmen und habe die Wahl, die vermeintlich negativen Gedanken zu glauben oder sie zu hinterfragen, um sie gegebenenfalls zu verändern.

MEIN DENKEN HINTERFRAGEN UND DIE SEHNSUCHT EINLADEN

Der Kontrollzwang verleitet einige EKA dazu, sich selbst hunderte Male am Tag anzuklagen. Sie können sich gefühlsmäßig so gut in andere hineinversetzen, dass sie ihr eigenes Sein ständig in Frage stellen. Gedanken wie: „Wenn ich anders wäre, müsste mein Gegenüber [mein Gesprächspartner] jetzt nicht so oder so reagieren…"

Diese geringe Wertschätzung sich selbst gegenüber führt zwangsweise zur Aufopferung. Nur wer seinen eigenen Wert nicht erkennen kann, opfert sich übermäßig für andere auf. Die Gedanken und Selbstgespräche, anders sein zu wollen, wahrzunehmen und zu hinterfragen, halte ich für sehr wichtig. Diese unbewussten Gedanken erzeugen zwangsweise Widerstand gegen das, was ist, und sind direkte Ursache für unsere negativen Gefühle (vgl. Schritt 1/4/6).

Die Pflanzen in der Natur schreien wir schließlich auch nicht an, sie sollen mehr Blüten tragen. Sondern sie sind richtig, ob mit vier oder hundert Blüten.

Und wenn der Verstand dann sagt: "Ich müsste richtiger sein, ich sollte gesünder sein, ich sollte liebenswerter sein, ich sollte weniger Angst haben", darf ich die Selbstabwertung und Selbstablehnung wahrnehmen und versuchen, sie in Selbstliebe umzuwandeln, indem ich diesen Gedanken einfach hinterfrage: „Ist das wirklich wahr, dass ich anders sein sollte?"[38]

Für unsere Höhere Macht, also für das Leben und die Natur ist es, wie es ist: perfekt und unabhängig vom Ergebnis. Können wir nicht versuchen, all unser Tun so liebevoll zu betrachten?

Sind wir selbst vielleicht unser schärfster Kritiker? Geben wir nicht immer unser Bestes?

---

[38] Katie Byron, *Lieben was ist*, Arkana Goldmann, München, 2002.

Wird das Unvollkommene vielleicht vollkommen, sobald wir es nehmen, wie es ist? Ist nicht genau dieses Annehmen die Chance für echte Entwicklung?

Vielleicht gelingt es mir, die Sehnsucht in solchen Situationen zu entdecken; beispielsweise meine Sehnsucht, mich richtig zu fühlen. Mir von Herzen zugestehen, mich diesem neuen Gefühl zu öffnen und mich zu trauen, es wahrzunehmen[39] - das kann der erste Schritt in das neue Lebensgefühl sein.

In dem Moment, in dem ich mit meinem Herzen „Ja" sage, zu mir und meinen Lebenskräften und ich mich ihnen bedingungslos zuwende und sie sein lasse, können diese Kräfte etwas wandeln. So kann das Urvertrauen wachsen, in dem ich mich geführt fühle - auch mit meinen Gefühlen und meinen Urteilen (vgl. Schritt6/7).

PROBLEME BEWUSST LOSLASSEN

Wenn ich wahrnehme, dass bestimmte Beziehungen in meinem Leben nur bestehen, um Probleme zu haben oder diese zu lösen, darf ich mich bewusst dazu entscheiden, einen Schritt in Richtung Freude und Freiheit zu gehen, indem ich zum einen meine Schwingung verändere und nicht mehr krampfhaft an der Beziehung festhalte, um nach Lösungen zu suchen. Außerdem darf ich vertrauen, dass es auch richtig sein kann, wenn ich vorerst aus dem Leben des anderen verschwinde, weil ich nur noch die eine Hälfte - nämlich meine Hälfte - der Energie aufbringe, die zum gemeinsamen Miteinander nötig ist.

Denn ich kann den anderen nicht ändern. Meine Erwartungen an die jeweilige Person dürfen mir als Hilfestellung dienen, was ich mir in Zukunft selbst geben darf. Zum Beispiel Zuwendung, Interesse, Fürsorge, Aufmerksamkeit, ...

---

[39] Siehe die Lebenskräfte-Meditation Seite 44.

Außerdem darf ich mich einladen zu bemerken, dass alles, was mich am anderen stört, Verhaltensweisen sind, die ich mir selbst nicht zugestehe. Wie zum Beispiel fehlendes Interesse, mangelnde Zuwendung, Arroganz, Ignoranz, ...

Wenn mir andere die Verantwortung übertragen wollen, für etwas, mit dem ich nichts zu tun habe, bedeutet dies wiederum, dass ich lernen darf, zu mir und meinen Anliegen und Bedürfnissen zu stehen. In vielen Familien herrscht das Muster vor, den anderen für die eigenen Gefühle verantwortlich zu machen. Als Co-Abhängige neige ich dazu, mich auch wirklich für die Gefühlssituation des anderen verantwortlich zu fühlen.

Hier darf ich mich täglich daran erinnern, dass ich tatsächlich dafür verantwortlich bin, was ich anderen zumute, zum Beispiel die Wahrheit meiner eigenen Gefühle – aber, und das ist wichtig und für viele EKA sehr schwer zu verinnerlichen:

Ich bin nicht dafür verantwortlich, wie der andere darauf reagiert oder was er daraufhin fühlt. Das obliegt ganz und gar seiner Verantwortung. Und genauso verhält es sich umgekehrt. Wenn mir jemand „zumutet", dass er sich zum Beispiel nicht für mein Leben interessiert, indem er sich jahrelang nicht meldet oder mich auslädt statt einzuladen, dann liegt sein Verhalten in seiner Verantwortung, nicht aber mein Gefühl. Das Gefühl des „Ungeliebt-Seins" zum Beispiel, welches sein Verhalten in mir auslösen könnte, ist mein Gefühl und nur ich trage hierfür die Verantwortung - denn ich bin erwachsen und fähig mich voller Fürsorge mir selbst zuzuwenden, statt mich und mein „Erlebtes" zu vernachlässigen oder gering zu schätzen.

VERTRAUEN INS LEBEN

Wie kann es gelingen, endlich damit aufzuhören, das Leben und die Ereignisse und die Gefühle um mich herum kontrollieren zu wollen?

Mit Hilfe der ersten drei Schritte des 12-Schritte-Programms:

1. Ich gebe zu, dass ich meinen Gefühlen (Schmerzen, Ängste, Gefühle schuldig oder falsch zu sein, ...) und den Gefühlen anderer gegenüber machtlos bin.
2. Ich komme zu dem Glauben, dass eine Macht, größer als ich selbst, mir meine geistige Gesundheit wiedergeben kann.
3. Ich fasse den Entschluss, meinen Willen und mein Leben, der Sorge meiner Höheren Macht, wie ich sie verstehe, anzuvertrauen. Ich lasse mich auf den Lebensfluss ein, indem ich darauf vertraue, dass meine Höhere Macht mich wissen lässt, welche Veränderungen in meinem Leben anstehen, um ein Leben in Leichtigkeit und Freude zu leben.

DAS VERTRAUEN IN EINE HÖHERE MACHT

Der Glaube an eine „Höhere Macht" mag sehr vielen EKA immer noch schwerfallen. Doch genau hier sehe ich die Riesenchance für alle EKA.

Meiner Meinung nach ist das Hauptproblem des erwachsenen Kindes eines Alkoholikers: Es glaubt einerseits nicht an seinen eigenen Wert - aber es glaubt andererseits für alles verantwortlich zu sein. Genau das führt zur Aufopferung und zum Kampf! Zum Kampf mit dem eigenen Leben.

Diesen Kampf können die EKA meiner Meinung nach nur aufgeben, wenn sie es endlich schaffen, die Verantwortung für das, was um sie herum geschieht und nicht geschieht, abzugeben. Insbesondere auch dafür, was gefühlt und was nicht gefühlt wird.

Die Sucht, sich für die Gefühle der anderen zuständig zu fühlen und die innere Überzeugung, somit für deren Wohlergehen (Glück) verantwortlich zu sein, als solche wahrzunehmen, ist ein wichtiger Schritt zur persönlichen Genesung.

Viele von uns sind in der Rolle hängengeblieben, einen geliebten Menschen (die Eltern) aus seinem Leid retten zu wollen und übertragen diese Sucht, gebraucht zu werden, auf ihre Lebenspartner oder Kinder.

Diese Aufopferung - vor allem die auf der Gefühlsebene - basiert auf der tiefen Überzeugung, wenn ich mich nur ein bisschen mehr anstrenge, [zusammenreiße] geht's den anderen besser.

Ich bin überzeugt: die einzige Lösung, um die Opferrolle, den Kontrollzwang und den einhergehenden Widerstand dem Leben gegenüber aufgeben zu können, ist das Vertrauen in eine Höhere Macht, das Leben. (vgl. Schritt 1)

Viele EKA haben absolut kein oder nur sehr wenig Selbstwertgefühl. Dieses Selbstwertgefühl kann wachsen, wenn die EKA endlich die Verantwortung für die Gefühle erwachsener Menschen und insbesondere auch für ihr eigenes Leid abgeben können. Solange sie sich in der Verantwortung sehen, müssen sie ja an ihre Minderwertigkeit glauben.

Und genau hier brauchen wir das Vertrauen in eine Höhere Macht, um durch die Haltung der Akzeptanz in den inneren Frieden zu gelangen. Vertrauen statt Kontrolle dem Leben gegenüber. Für alle, die glauben, immer noch Schwierigkeiten mit dem Glauben an eine Höhere Macht zu haben, möchte ich folgende Überlegung anbieten:

Das Leben ist die Höhere Macht. Die Macht, die es mir ermöglicht, all die wundervollen Erfahrungen in meinem Leben machen zu können.

Ich vermute, dass mein geringes Selbstwertgefühl daraus resultiert, dass ich einerseits dachte und teilweise immer noch denke, ich müsste besser und gesünder sein, und andererseits, dass ich das kontrollieren könnte. Aber wahr ist: Ich konnte und kann das Leben und meine Gesundheit nicht kontrollieren.[40]

Aber ich konnte lernen, mich dem Leben und all meinen Gefühlen und Emotionen anzuvertrauen, mit Geduld und ohne Widerstand und verzweifelte Kontrollversuche. In meinem Genesungsprozess nahm ich mir jeden Morgen die Zeit für das Stille-sitzen. So lernte ich, mich auf die Herausforderungen des Alltags einzulassen, mit allen seinen schönen, leichten sowie schweren Situationen. Mit Hilfe des Annehmens meiner Körpersensationen (zu Beginn litt ich noch unter starken Schmerzen), meiner Gefühle, Emotionen und Gedanken gelang mir Schritt für Schritt der Ausstieg aus den alten Mustern. Meine Sehnsucht, mein Leben endlich in Leichtigkeit und Gesundheit anzunehmen, verhalf mir zur folgenden Affirmation: „Liebes Leben, lass das Gute zu mir kommen, und hilf mir, es anzunehmen!"[41] (vgl. Schritt 1/2).

Aus der ontologischen Sicht heraus spiegeln mir all meine schwierigen Beziehungen mein Getrennt-sein und bringen mich in einen immer bewussteren Kontakt mit den mir dienenden Lebenskräften, die mir zur Entwicklung und Vervollständigung meines Seins verhelfen. Und die mich letztlich wieder in der Einheit wahrnehmen lassen.

Gerade die sogenannten „schwierigen Menschen" stellen sich also zur Verfügung, damit ich mit meinen verdrängten und

---

[40] Hierbei meine ich nicht, dass das Bestreben nach einer bewussten und gesunden Lebensweise nicht möglich wäre, sondern dass es uns nicht möglich ist, Krankheitsverläufe kontrollieren zu können.
[41] Gemeint ist die „Höhere Macht".

eingelagerten Emotionen in Kontakt kommen kann, um sie endlich anzunehmen, damit sie abfließen können.

Diplom-Psychologe Robert Betz spricht vom sogenannten „Arschengel": „Der, der mir in den Hintern tritt ist ein „Arsch", weil es weh tut; und ein Engel, weil er mir zur Entwicklung und Heilung verhilft, vorausgesetzt, ich stelle mich meinen eigenen Gefühlen."[42]

Somit kann ich mich selbst, auch in meinem Schuldgefühl in der Unschuld wahrnehmen: Denn auch mein Sein, mein Handeln ermöglicht Entwicklungs- und Heilungsprozesse meiner Eltern, Kinder, Partner, Lehrer usw. Somit kann ich mich im Leben getragen fühlen, auch mit meinen Schmerzen, Problemen, Fehlern, Ängsten usw.

Um diese Gedanken noch einmal mit dem Being-Human-Modell zu verbinden: Es ist nicht nötig, die in mir vorhandenen Emotionen auszuleben oder gar kognitiv zu verstehen. Es reicht aus, ihnen lediglich eine Art „Verständnis" entgegenzubringen, indem ich sie mit meiner gesamten Achtsamkeit bewusst erlebe. Allein die anerkennende Zuwendung zu den mir dienenden Lebenskräften fördert Entwicklungs- sowie Heilungsprozesse.

Wir sind nicht nur eingeladen uns unserer körperlichen Schmerzen (materielle Ebene) und unserer verdrängten Gefühle (vegetativen Ebene) bewusst zu werden, sondern auch der von uns in der Kindheit unterdrückten Emotionen (tierische Ebene), wie zum Beispiel natürliche Instinkte, die nicht zum Ausdruck kommen konnten, weil wir sie uns damals verboten haben, wie beispielsweise: Trauer, Wut, Panik, Verachtung, flüchten oder sich wehren.

Auch gilt es, sich der Gedanken, Meinungen, Überzeugungen, die der menschlichen Ebene zuzuordnen sind und im Unterbewusstsein gespeichert sind, bewusst zu werden. „Aha- so denke ich also!" Denn selbst auf der spirituellen Ebene können wir von unterbewussten Ideologien (Glaubenssätzen) gesteuert werden.

---

[42] Vgl. Robert Betz, *Kinder, Kinder*, Vortrag.

All diese Dinge wollen einfach bewusst wahrgenommen werden. Allein deshalb sind sie da!

Verschiedene Entspannungs- und Meditationstechniken (siehe Lebenskräfte-Meditation) können uns dabei helfen uns den verschiedenen Ebenen unseres Mensch-Seins zuzuwenden, um ihnen unser Herz zu öffnen. Der effektivste Weg, um zu lernen, wie man sich selbst bedingungslos annehmen und heilen kann, ist meiner Meinung nach das schon erwähnte morgendliche „Stille-sitzen". Beginnen würde ich mit 10 Minuten gestoppter Zeit, an einem deiner Lieblingsplätze in deiner Wohnung. Bitte deine Höhere Macht, dich zu führen und dir zu helfen, dich mit dem Gefühlten und Gedachten nicht zu identifizieren, sondern es lediglich zuzulassen und zu beobachten. Nach einigen Malen üben wirst du bemerken können, dass jedes von Herzen angenommene Gefühl sich unmittelbar in ein anderes verwandelt.

Eine andere Methode, sich seiner selbst bewusst zu werden, ist das morgendliche Schreiben. Einfach hinsetzen und schreiben, was dir in den Sinn kommt. 2-3 Seiten über dich, das Leben, deine Beziehungen und deine dir dienenden Lebenskräfte. Wichtig hierbei ist auch wieder die Bereitschaft alles anzunehmen bzw. zu schreiben was kommt - ohne Zensur. Und wenn diese jedoch vorhanden ist, sie einfach auch zu beschreiben.

Eine sinnvolle und professionelle Unterstützung, um mit den Lebenskräften der materiellen, vegetativen und instinktiven Ebene in Kontakt zu gehen, bietet z. B. die craniosacrale Körperarbeit. Bei dieser Art der Körperarbeit wird am ganzen Körper mit dem Schwerpunkt Schädel (Cranium), Wirbelsäule und Kreuzbein (Sacrum) die spezifische körpereigene Schwingung beobachtet. Daher die Bezeichnung craniosacral.

Die ontologischen Craniosacral-Praktiker/innen zeichnen sich dadurch aus, dass sie die/den Kundin/en in ihrem/seinem Prozess lediglich begleiten. Sie schaffen den sicheren Rahmen, damit die dienenden Lebenskräfte zum Vorschein kommen können.

Mit Hilfe von Techniken und Fingerpositionen können Lebenskräfte bestätigt werden und die einzelnen Ebenen des Körpers eine Geschichte erzählen. Es gelingt, mit den Händen zuzuhören. Teils bewusst und teils unbewusst wird die Botschaft, die hinter den Symptomen, Beschwerden und Problemen steht, wahrgenommen.

Auch andere „Heil"-Praktiker/innen wie beispielsweise Psychotherapeuten/innen, Homöopath/innen, Persönlichkeitstrainer/innen, Kinesiolog/innen, Aufstellungs- und Rückführungs-Praktiker/innen nehmen sich der verschiedenen Ebenen an und unterstützen den Menschen dabei, sich seinen dienenden Lebenskräften zuzuwenden, damit dieser sie zur persönlichen Weiterentwicklung nutzen kann.

EINLADUNG ZUM BEDINGUNGSLOSEN FÜHLEN

Im alltäglichen Leben dürfen wir uns mit Hilfe des 4. Schrittes all unseren Lebenskräften bedingungslos zuwenden, ohne sie zu verurteilen. Dazu gehören unsere Schmerzen, unsere Gefühle, unsere Probleme, unsere Wünsche, unsere Gedanken und auch unsere Sehnsüchte.

Auch gerade jene Lebenskräfte, die wir nach jahre- oder jahrzehntelanger Verdrängung beim „Stille-sitzen" entdecken und befreien durften, können fortan angenommen werden, um uns zur Entwicklung und Heilung zu verhelfen, statt unterbewusst unser Leben zu bestimmen.

In Zeiten des Rückfalls darf ich mich fragen: Warum verleugne ich meine Gefühle? Warum traue ich wenigen in der Familie die Wahrheit zu? Zum Beispiel, dass ich verletzt bin? Oder dass ich Bedürfnisse habe? Aus Angst, sie mit unangenehmen Gefühlen in Kontakt zu bringen? Kann ich vielleicht an dieser Stelle endlich die Kontrolle abgeben und den anderen ihre Gefühle überlassen?

Ist es im Grunde nicht sogar respektlos, ihnen die eigenen Gefühle nicht zuzutrauen? Oder ist es vielleicht so, dass ich es gar nicht für den anderen, sondern letzten Endes doch für mich selbst tue? Warum glaube ich, meinen suchtkranken Eltern das Gefühl geben zu müssen, ich hätte keine Verletzungen aus der Kindheit? Aus Angst verstoßen zu werden?

In der Kindheit ging das Annehmen der wahren Gefühle oft mit dramatischen Verlustängsten einher. Je mehr traumatische Erfahrungen EKA machen mussten, umso öfter werden sie sich selbst diese Verlustangst verboten haben.

Warum hat selten jemand unserer Familie zur Wahrheit gestanden? Auch aus Angst, ausgegrenzt zu werden?

Fiel es mir deshalb in meinem erwachsenen Leben so schwer, zu mir und meinen Verletzungen zu stehen? Wollte ich immer noch um jeden Preis vermeiden als schwierig, leidend, jammernd und verurteilend wahrgenommen zu werden? Hatte ich erneut Angst vor den eigenen Gefühlen, die die Reaktionen der anderen bei mir auslösen könnten? Angst vor meinen diffusen Verlustängsten, wenn sie mich ablehnen könnten?

UNSERE ELTERN - DER SPIEGEL UNSERES SELBST

Mit Beendigung meines Buches gab ich mir endlich die Erlaubnis zum bedingungslosen Fühlen. Heute stehe ich zu mir und kann sagen, dass meine Eltern sich selbst bis heute nie diese Erlaubnis erteilen konnten. Ein Leben lang verboten auch sie sich, sich selbst zu fühlen. Die passive Einladung an meine Mutter sich selbst zu fühlen, weil ich endlich aufhörte, mich für ihre Gefühle verantwortlich zu fühlen, brachte sie zunächst dazu, mich erneut abzulehnen.

Aber diese dienende Kraft nutzte ich tapfer, um mir meiner selbst bewusst zu werden. Meine Mutter war der Spiegel meiner selbst. Und ich sollte nicht ihr Bild putzen, sondern mich anschauen, den Teil in mir, der mich selbst ablehnte, weil ich mich traute mich und meine Gefühle nicht länger zu verleugnen.

Bei genauerer Betrachtung konnte ich sehen, dass sie auch einen Teil des Lichts auf meinen heilen inneren Kern warf. Dieser ließ mich erkennen, dass ich mich zwar abgelehnt und ungeliebt fühlte, aber ich konnte auch erkennen, dass nicht ich ablehnenswert war, sondern, dass sie mich aus einem Überforderungsgefühl heraus ablehnte. Heute kann ich erkennen, dass sie in mir schon als ich ein Baby war, etwas sah, das sie in sich selbst ablehnte: Ein bedingungslos fühlendes Wesen mit Bedürfnissen und Sehnsucht nach bedingungsloser Liebe.

Mit Hilfe der vielen anderen Spiegel, die mir das Leben zur Verfügung stellt, kann ich erkennen, dass ich so, wie ich bin, angenommen, ja sogar geliebt bin. Und dem gebe ich ebenso Raum und kann endlich meinen eigenen Wert erkennen.

Da ich niemanden verändern kann, hilft mir auch hier das Vertrauen in eine Höhere Macht, zu erkennen, dass alles, was mich an anderen stört, mir zur Entwicklung verhelfen möchte. Beispielsweise indem ich mir bewusstwerde, dass ich diese Dinge an mir selbst nicht akzeptiere.

Und wenn ich bemerke, dass meine Eltern mir immer noch Verantwortung für etwas, was sie fühlen oder tun, übertragen wollen, darf ich lernen, die Verantwortung für mich selbst zu übernehmen. Denn gerade in Bezug auf unsere Eltern können wir nur durch die Haltung der Akzeptanz unseren inneren Frieden finden. Meine Erwartungen an meine Eltern dienen mir herauszufinden, was ich mir in Zukunft selbst geben darf.

DIE WAHRHAFTIGKEIT

Sich seiner selbst bewusst zu werden läuft auf einen entscheidenden Nenner zusammen: Nämlich, sich selbst zu ermächtigen, die eigene Wahrheit wahrzunehmen. Das bedeutet nicht, dass man seine Schmerzen, Gefühle und Gedanken offen zum Ausdruck bringen muss oder sie anderen Menschen mitteilen soll. Es reicht vollkommen aus, innerlich bei sich zu bleiben und sich selbst zu fragen, wie man sich in dem entsprechenden Augenblick fühlt.

Schlussendlich scheint mir dies eines der Hauptprobleme des leidenden Menschen zu sein: Sich selbst treu zu bleiben, indem man sich seines eigenen Leides im jeweiligen Augenblick wirklich annimmt - und sich nicht zeitgleich von diesem distanziert. Denn diese Distanzierung führte ja zur beschriebenen unterbewussten, ungesunden Identifizierung mit dem entsprechenden Gefühl.

In der ontologischen Haltung akzeptieren wir uns selbst von Augenblick zu Augenblick als Seiende, immer zugleich in Beziehung zur Welt und auch zu uns selbst.

DIE LIEBEVOLLE ZUWENDUNG

Das liebevolle Zuwenden zu dem, was ist, bedeutet nicht, es gut zu heißen. Es bedeutet auch nicht, es als etwas Bleibendes zu akzeptieren. Es bedeutet einfach: Es in jedem Moment unseres Lebens wahrzunehmen, wie es ist und es nicht länger mit einer unveränderbaren Tatsache zu verwechseln.

Einlassen, sein lassen und in weiterer Folge loslassen.

Wenn du entdeckst, dass du Vorbehalte hast gegen das, was aus deinem inneren, verdrängten Selbst ans Licht kommt, dann wird es dir helfen, dich auch diesen Zweifeln wertschätzend zuzuwenden.

Alles was ist, darf sein!

Halte es mit deinen verschütteten Gefühlen so, wie eine Mutter mit ihrem geliebten Kind: nimm sie an und schick sie nicht fort. Halte dein Herz offen für alles, was dein Inneres Selbst dir zu erzählen vermag - verdränge und verleugne es nicht länger.

Erst das Verständnis, warum wir in unserem Leben so gelitten haben, ermöglicht uns die wahre Liebe zu uns selbst.

Durch die Wertschätzung von allem, was ist, und dem Vertrauen, dass die Dinge sich für uns wandeln, erhalten wir ein Selbstverständnis für das eigene Leben und kommen wieder in Kontakt mit unserem inneren wahren Selbst!

ENDE

Es interessiert mich nicht,
womit du dein Geld verdienst.

Ich will wissen, wonach du dich sehnst
und ob du dich traust,
der Sehnsucht deines Herzens zu folgen.

Ich will wissen,
ob du bereit bist, andere zu enttäuschen,

um dir selbst treu zu sein,

ob du den Vorwurf des Verrats ertragen kannst
und deine Seele nicht verrätst.[43]

---

[43] Ein Auszug aus dem Gedicht von Oriah Mountain Dreamer.

Literatur

Betz, Robert, Erkenne dich in den Spiegeln deines Lebens. Die Spiegelgesetze verstehen und anwenden Lernen, Audio CD, 2007.

Betz, Robert, Kinder, Kinder. Wonach sich Kinderseelen sehnen, Audio CD, 2010.

Byron, Katie, Lieben was ist, Arkana Goldmann, München, 2002.

Cermak, Timmen L., A Primer on Adult Children of Alcoholics, Health Publications, Deerfield Beach, 1989.

Fried, Erich, Gedichte, dtv, München, 1995.

Gendlin, T. Eugene, Focusing, Rowohlt, 2012.

Geringer Woititz, Janet, Um die Kindheit betrogen - Hoffnung und Heilung für erwachsene Kinder von Suchtkranken, München, 1990.

Haußer, Karl, Identitätsentwicklung, Harper & Row, New York, 1983.

Jones, J. W., The Children of Alcoholics Screening Test. Bulletin of the Society of Psychologists in Addictive Behaviors, 1983.

Levine, A. Peter, Vom Trauma befreien, Kösel-Verlag, München 2007.

Miller, Alice, Die Revolte des Körpers, Suhrkamp Verlag, Frankfurt, 2004.

Nidiaye, Safi, Aufwachen und Lachen, Integral Verlag München, 2004.

Röhr, Heinz-Peter, Vom Glück, sich selbst zu lieben – Wege aus Angst und Depression, Patmos Verlag, Ostfildern, 2005.

Römer, Romana, Erwachsene Kinder von Alkoholikern als Risikogruppe – Systematisierung des Forschungsstandes und Reflexion aus identitätstheoretischer Perspektive, Diplomarbeit, Universität Lüneburg, April 1999.

Wilson Schaef, Anne, Co - Abhängigkeit. Nicht erkannt und falsch behandelt, Verlag Bögner-Kaufmann, 1986.

Wilson Schaef, Anne, Co-Abhängigkeit. Die Sucht hinter der Sucht, Heyne Verlag, 1995.

Winkelmann, Arno, „Erwachsene Kinder von Alkoholikern", in: Psychologie Heute, 1990.

Winter, Andreas, Heilen durch Erkenntnis, Mankau-Verlag, 2011.

Danksagung

Mein großer Dank gilt neben meinen 2 Lektoren Birgit Stransky und Lutz Fürste all meinen wundervollen Prozessbegleiter/innen, die da wären: meine Familie, meine Freund/innen, meine Kolleg/innen, meine Therapeut/innen, meine Bewusstseinslehrer/innen, die vielen Seminarteilnehmer/innen, die Autor/innen meiner vielen Bücher, meine Testleser/innen und alle Menschen in meinem Leben. Ihnen allen gilt mein herzlicher Dank, ohne sie wäre ich heute nicht die, die ich bin!